Shane McMahon

Shane's Kitchen
Kochen zum Anfassen

Text Bettina Ullrich
Fotos Anna McMaster

INHALT

How it all began …	7
Salat	9
Wo die Ideen sprießen: Besuch in der Großmarkthalle	24
Dressings	29
Brot	36
Suppen	39
Vegetarisches	45
Just cook it!	60
Fonds & Saucen	65
Fleisch & Geflügel	71
Der Messerschleifer	92
Fisch & Meeresfrüchte	97
Pasta & Co.	123
Äpfel mit Aussicht: Kulinarische Revolution vom Ammersee	138
Desserts	143
Anhang	154

HOW IT ALL BEGAN ...

Vielleicht hätte es mir schneller auf die Sprünge geholfen, wenn Hans Haas einmal so richtig wütend geworden wäre. „Burschen, was mach' ma' heut'?", pflegte der Sternekoch jeden Morgen sein Team zu fragen. Nicht jedem fiel dazu auf die Schnelle etwas ein. Hans Haas blieb dennoch ruhig und gelassen und schenkte seine Aufmerksamkeit nun dem Kollegen, der für ihn eine zündende Idee parat hatte. (Nicht beachtet zu werden, kann schlimmer sein als jeder Rüffel, den man einstecken muss.)

Das war vor einiger Zeit im legendären „Tantris", seit fast 40 Jahren eines der besten Restaurants in München. Dort war ich mehrere Jahre lang „Chef de Partie". Und es wurmte mich, dass ich bei solchen Fragen so zögerlich war. Nicht, dass ich ein schlechter Koch gewesen wäre. Schließlich ist die Anstellung in einem Sternerestaurant für junge Köche wie ein Sechser im Lotto, wenn auch mit keinem Tippschein der Welt zu gewinnen.

Und dann, eines Morgens, hat es bei mir „Klick" gemacht. „Trau deinen Ideen", dachte ich mir. „Just cook it! Nur auf diese Weise kannst du dich in der Küche weiterentwickeln."

So hat Hans Haas die Kreativität in mir entfacht. Er hat mich poliert. Den ersten Schliff hatte ich zuvor woanders bekommen, im Münchner Hotel „Königshof". Drei Jahre lang habe ich dort bei Bobby Bräuer enorm viel gelernt. So wie auch in den Lehr- und Wanderjahren zuvor: Im Süden Deutschlands, auf der Zugspitze, habe ich Gulasch und Pommes frites zubereitet. Und im hohen Norden, im Fischbistro „Gosch" auf Sylt, Hummer zerlegt und Scampi gegrillt. Dass ich danach den Weg in Richtung gehobene Küche einschlug, verdanke ich Tony Holmes, meinem Freund und Kollegen bei Gosch. „Du solltest unbedingt die Nouvelle Cuisine kennenlernen", sagte Tony damals, „das könnte dir liegen. Du hast das nötige Feingefühl." So ging es los.

Wobei, los ging es schon viel früher: Als Sohn eines irischen Kochs und einer österreichischen Köchin habe ich im „Dinnerdate", dem Restaurant meiner Eltern im irischen County Clare, die ersten Lektionen in der Küche gelernt. Damals war ich zwölf Jahre alt. Mit 21 bin ich dann nach Deutschland gegangen, lange bevor es plötzlich als „cool" galt, Koch oder Köchin zu sein. Für mich ist es mehr als ein Job, für mich ist es Berufung und Hobby zugleich. Ich liebe hochwertige Produkte, es fasziniert mich, sie in erstklassige Speisen zu verwandeln.

Die Leidenschaft fürs Kochen gehört bei uns zur Familientradition: Mein älterer Bruder Franky ist Küchenchef in einem angesehenen Fischrestaurant in South Carolina, USA.

Und auch bei mir hat sich in letzter Zeit beruflich viel getan: In meinem Kochatelier „Shane's Kitchen" in München gebe ich seit über zwei Jahren Kochkurse und veranstalte den bei Feinschmeckern beliebten „Supper Club". In den USA ist das seit langem ein Begriff: ein Dinner-Klub mit Abendprogramm in relaxter Atmosphäre. Einfache Menüs, gute Drinks und Gourmet-Networking mit kulinarischen Experten, die aus dem Nähkästchen plaudern. Im Sommer war ich zum ersten Mal Gastkoch im fantastischen „Mohr Life Resort" in Lermoos in Tirol. Und mit „Shane's Restaurant" hat sich vor ein paar Monaten mein großer Traum erfüllt – ein eigenes Restaurant. Jetzt kann ich so richtig loslegen – in diesem Sinne: „Just cook it!"

SALAT

Salat kann so viel mehr sein als immer nur grün. Er kann auch mal knallgelb oder orange daherkommen. Die Kombination macht's. Und ein beherzter Griff in die Trickkiste: Aus ungewöhnlichen Zutaten und passenden Gewürzen werden kreative Kompositionen, die auf den ersten Blick gar nicht wie ein Salat anmuten.

EISZAPFEN-RETTICH MIT RED-GIANT-SALAT

In Bayern, wo ich seit vielen Jahren lebe, darf man in einen richtigen Biergarten das Essen selbst mitbringen. Eine tolle Tradition und ein großer Spaß, mit Freunden an einem wunderbar lauen Sommerabend ein Biergarten-Picknick zu organisieren! Jeder hat was im Korb, und sei es nur das karierte Tischtuch. Am Ende biegt sich der Holztisch unter dem Gewicht voller guter Sachen. Ein Biergarten-Klassiker ist „Radi", spiralförmig aufgeschnittener Rettich, der mit Salz bestreut und roh geknabbert wird. Eine etwas edlere Version ist dieser Biergarten-Salat, der durch den senfscharfen Red-Giant-Salat einen exotischen Touch bekommt.

Zutaten für 4 Personen (als Beilage)

150 g Eiszapfen-Rettich (alternativ Radieschen)
1 TL Murray-River-Salzflocken
4 Frühlingszwiebeln
2 EL Olivenöl
1 EL Trüffelöl
1 EL Champagneressig
1 TL Fischsauce
1 Handvoll Asiasalat (Red Giant)

Zubereitung

Die Eiszapfen-Rettiche schälen und der Länge nach halbieren. Etwa 30 Minuten in kaltes Wasser legen. Anschließend die Rettiche aus dem Wasser nehmen, trocken tupfen und in eine Schüssel geben. Mit Murray-River-Salzflocken würzen.

Die Frühlingszwiebeln waschen, den Wurzelansatz und das Grüne des Lauchs bis auf etwa 3 cm am unteren Ende wegschneiden. Die Frühlingszwiebeln in 1 cm lange Stücke schneiden.

Oliven- und Trüffelöl, Champagneressig und Fischsauce über die Rettiche verteilen und alles gut durchschwenken. Die Frühlingszwiebeln dazugeben.

Red-Giant-Salatblätter waschen und trocken schleudern. Den Salat kurz vor dem Servieren in der Vinaigrette schwenken und über die Eiszapfen-Rettiche verteilen.

INFO

„Red Giant", auch Blattsenf genannt, gehört zu den sogenannten Asiasalaten. Bei uns wird Red Giant meist als Fertigmischung in Tüten angeboten. Oder als Setzling für den Garten: Der rötliche Red Giant gedeiht gut in unseren Breiten. Die zarten, jungen Blätter mit dem würzigen Senfaroma schmecken gut im Salat, die größeren sollten gedünstet werden.

PERLGRAUPENSALAT MIT AVOCADOTATAR UND ZITRONENGRASSCHAUM

Beinahe wären die Perlgraupen in den vergangenen Jahrzehnten mangels Nachfrage verloren gegangen. Glücklicherweise haben Küchen-Archäologen die altehrwürdige Kochgerste wieder ausgegraben. Inzwischen kommt sie auch in Sternerestaurants auf den Teller. Aus gutem Grund: Perlgraupen können mit fast allem kombiniert werden und saugen gierig jedes Aroma auf.

Zutaten für 4 Personen

Für den Perlgraupensalat:
150 g Perlgraupen
3 EL Zitronenöl
1 Limette
Murray-River-Salzflocken
2 EL Champagneressig
Worcestersauce
Fischsauce
2 EL Olivenöl

Für das Avocadotatar:
4 reife Avocados
1 Limette
2 EL Zitronenöl
1 TL Shane´s Oriental Gewürzmischung
2 Zweige Koriander
Sushi-Reisessig (zB. von Kokumotsu)
Teriyakisauce
grüne Tabascosauce
Salz

Zum Anrichten:
Zitronengrasschaum
(siehe Seite 41)
Korianderblätter

Zubereitung

Die Perlgraupen in reichlich Salzwasser 20 Minuten bissfest kochen. Durch ein Sieb abgießen und mit kaltem Wasser abschrecken. In eine Schüssel geben und mit einer Gabel auflockern. Mit Zitronenöl, dem Abrieb und Saft von 1 Limette, 2 Prisen Murray-River-Salzflocken, Champagneressig sowie jeweils ein paar Tropfen Worcester- und Fischsauce vermengen. Das Olivenöl gibt dem Perlgraupensalat den letzten Schliff – und einen schönen Glanz.

Für den Zitronengrasschaum zunächst eine Zitronengrassuppe kochen.

Mit einem Messer seitlich in die Avocado stechen, bis das Messer den Kern berührt. Die Avocado der Länge nach am Kern entlang aufschneiden. Die beiden Avocadohälften gegeneinander drehen, so lässt sich die Frucht leicht teilen. Dann die Avocados schälen und in grobe Stücke von unterschiedlicher Größe schneiden. Den Koriander fein hacken.

Die Avocadostücke in einer Schüssel mit dem Saft der Limette, Zitronenöl, Shane´s Oriental Gewürzmischung, Koriander, je zwei Tropfen Sushi-Reisessig und Teriyakisauce sowie etwa 4 Tropfen Tabascosauce vorsichtig vermengen, sodass das Tatar nicht matschig wird. Anschließend salzen.

Die Zitronengrassuppe aufschäumen.

Etwas Perlgraupensalat auf den Teller geben. Avocadotatar mit zwei Löffeln zu einem Nocken formen und auf die Perlgraupen setzen. Mit einer Prise Shane´s Oriental Gewürzmischung und Korianderblättern bestreuen. Den Zitronengrasschaum dekorativ darüber verteilen.

FENCHELSALAT MIT KURKUMA UND GREENSHELL-MUSCHELN

Unbezahlbar sind Rezepte, für die man fast alles im Haus hat. Für dieses Rezept müssen Sie nur ein paar Fenchelknollen besorgen, vorausgesetzt, Sie haben ein paar Kräuter auf dem Balkon oder Fensterbrett und die übrigen Zutaten im Vorratsschrank. Alle sind nämlich relativ lange haltbar, auch die frische Kurkuma und die Muscheln. Die gibt's vorgekocht und tiefgefroren im Asialaden. Was praktisch ist: Die Muscheln (auch Grünlippmuscheln genannt) können einzeln aus der Packung genommen und die übrigen wieder ins Tiefkühlfach gelegt werden.

Zutaten für 4 Personen (als Vorspeise)

- 2 große Fenchelknollen
- 10 g frische Kurkuma
- ½ weiße Zwiebel
- 1 Loomi (getrocknete Limette)
- 4 Knoblauchzehen
- 20 – 24 Greenshell-Muscheln
- Olivenöl
- Salz und weißer Pfeffer aus der Mühle
- 1 Zweig Rosmarin
- 1 Handvoll Basilikumblätter
- 5 – 6 Zweige Thymian
- 1 EL Carotino-Öl
- 200 ml Weißwein
- 1 EL Ingwersirup
- Zucker
- kaltes Wasser
- 2 EL Champagneressig
- grüne Tabascosauce

Zubereitung

Die Stängel von den Fenchelknollen in grobe Stücke schneiden und beiseite legen. Den Fenchel halbieren, Wurzelansatz entfernen und den Fenchel in etwa 2 Zentimeter dicke Scheiben schneiden. Die Kurkuma schälen (am besten mit Handschuhen arbeiten, denn Kurkuma hinterlässt eine hartnäckige orange Farbe an den Händen) und in Scheiben schneiden. Die Zwiebel in Scheiben schneiden. Mit dem Handballen kräftig auf die Loomi und die ungeschälten Knoblauchzehen schlagen, um sie auf diese Weise grob zu zerdrücken. Muscheln auftauen lassen, vorsichtig ausdrücken und das Tauwasser weggießen.

Für den Fenchel den Backofen auf 200 Grad vorheizen. Ein Backblech mit Olivenöl einreiben, salzen und pfeffern. Fenchelscheiben (nicht die kleingeschnittenen Stängel) darauf verteilen und großzügig salzen, pfeffern und mit Olivenöl bestreichen. Rosmarin zerkleinern und über dem Fenchel verteilen, ebenfalls etwas Basilikum (ein paar Blätter für die Vinaigrette beiseite legen), Thymian und den Knoblauch. Etwa 15 Minuten backen, bis der Fenchel bissfest ist. Kräuter und Knoblauch entfernen und den Fenchel abkühlen lassen.

Unterdessen die Vinaigrette zubereiten: In einem großen Topf (mit ausreichend Platz, um das Gemüse auszubreiten – so wird es gleichmäßig erhitzt) je 1 EL Oliven- und Carotino-Öl erhitzen. Kleingeschnittene Stängel des Fenchels, Zwiebel, Kurkuma und Loomi hineingeben und bei leichter Hitze anschwitzen. Leicht salzen. Mit Weißwein ablöschen und diesen reduzieren. Dann den Ingwersirup einrühren, mit je 1 Prise Zucker und Salz würzen. So viel Wasser angießen, bis das Gemüse gerade bedeckt ist. Die Temperatur höher schalten und die Flüssigkeit um die Hälfte einkochen lassen. Anschließend alles durch ein Spitzsieb passieren, die restlichen Basilikumblätter, den Champagneressig sowie 2 Tropfen Tabascosauce dazugeben. Olivenöl in die Vinaigrette einrühren – und zwar so viel, dass sich eine schöne Bindung ergibt. Die Vinaigrette über den abgekühlten Fenchel und die Muscheln verteilen und bei Zimmertemperatur etwa 30 Minuten ziehen lassen.

> **INFO**
> Es ist sehr wichtig, einen hochwertigen Balsamico zu verwenden, damit steht und fällt die Qualität der Vinaigrette. Ich benutze am liebsten einen mindestens sechs Jahre im Kastanienholzfass gereiften Aceto Balsamico.

FELDSALAT MIT TRAMEZZINI-CROÛTONS UND BALSAMICO-VINAIGRETTE

Zutaten für 4 Personen

Es lohnt sich, von den Tramezzini-Croûtons mehr zu machen, als man für dieses Rezept braucht. Sie sind gut ein paar Tage haltbar und veredeln jeden Salat.

Für die Croûtons:
3 Scheiben (etwa 150 g) Tramezzinibrot (gibt's in italienischen Feinkostläden oder Supermärkten, alternativ: 6 Scheiben Toast entrinden)
150 g Butter
100 g Pinienkerne
Salz

Für die Vinaigrette:
2 rote Zwiebeln
1 Knoblauchzehe
30 g Zucker
350 ml Aceto Balsamico
200 ml Wasser
2 EL Steirisches Kürbiskernöl
50 ml Olivenöl
1 TL Trüffelöl
1 TL Dijonsenf
Salz und weißer Pfeffer aus der Mühle

Zum Anrichten:
pro Person 1 Handvoll Feldsalat

Zubereitung

Das Brot in kleine Würfel schneiden. Eine Pfanne erhitzen und darin die Butter schaumig werden lassen. Die Brotwürfel hineingeben und bei mittlerer Hitze in der Butter schwenken. Das Brot soll tatsächlich in der Butter schwimmen. Sobald die Brotwürfel eine leichte Bräunung haben, die Pinienkerne dazugeben und mit anrösten. Sind Croûtons und Pinienkerne schön gebräunt (nicht zu dunkel werden lassen!), leicht salzen und aus der Pfanne nehmen. Auf einer doppelten Lage Küchenpapier abtropfen lassen.

Für die Vinaigrette die Zwiebeln fein würfeln. Kurz und kräftig mit dem Handballen auf die ungeschälte Knoblauchzehe schlagen, um sie zu zerdrücken. In einem Topf den Zucker leicht karamellisieren, bis er eine klare, honiggelbe Farbe angenommen hat. Dann sofort Zwiebeln, Knoblauch und Aceto Balsamico dazugeben und bei leichter Hitze wenige Minuten köcheln lassen. Das Wasser einrühren und einmal aufkochen lassen. Weitere 10 Minuten kochen und anschließend abkühlen lassen. Den Knoblauch entfernen. In die abgekühlte Essigmischung mit einem Spiralschneebesen langsam Kürbiskern- und Olivenöl einrühren – am besten von der Mitte nach außen. Trüffelöl und Dijonsenf untermischen und mit 1 Prise Salz und weißem Pfeffer (schwarzer ist zu kräftig) würzen. Eine Vinaigrette übrigens nie mit einem Löffel abschmecken, sondern dafür ein Salatblatt in die Vinaigrette tauchen.

Den Feldsalat rechtzeitig aus dem Kühlschrank nehmen, er sollte Zimmertemperatur haben, wenn er serviert wird. Den Salat auf dem Teller anrichten, mit Croûtons und Pinienkernen bestreuen und mit der Balsamico-Vinaigrette beträufeln.

KAROTTEN-TANDOORI-SALAT MIT OLIVEN

Der gute alte Karottensalat hat ein Imageproblem. In letzter Zeit fristete er eine Existenz am Rande der Bedeutungslosigkeit. Zu brav, zu langweilig. In meiner Version schicke ich ihn hinaus in die Welt: Vom Mittelmeer bringt er die getrockneten Oliven mit, aus Arabien die getrocknete Limette, aus Südamerika feurigen Chili und aus Indien den Geschmack von Tandoori. Zuhause wirft er sich noch ein paar heimische Kräuter vom Balkon über und thront dann als aufregender Globetrotter auf dem Teller.

Zutaten für 2 Personen
8 – 10 Babykarotten
1 Handvoll getrocknete Oliven
1 EL Zucker
Weißwein
1 frische rote Chilischote
1 daumengroßes Stück Ingwer
½ EL Tandooripaste (aus dem Asialaden)
¼ l Wasser
1 getrocknete Limette (Loomi)
Salz
2 EL Olivenöl
1 EL Champagneressig
Thymian, Estragon, Basilikum oder Koriander

Zubereitung

Die Karotten schälen, an den unteren Enden spitz zuschneiden, oben die Stielansätze entfernen und die Karotten der Länge nach halbieren. Die Oliven entkernen.

Eine Pfanne erhitzen, den Zucker hineingeben und leicht karamellisieren lassen. Mit einem ordentlichen Schuss Weißwein ablöschen. Die Chilischote in der Mitte durchbrechen und hinzufügen – so gibt sie genug, aber nicht zu viel Schärfe ab. Den Ingwer ungeschält in drei Scheiben schneiden und dazugeben. Die Tandooripaste untermischen und alles bei mittlerer Hitze so lange reduzieren, bis die Sauce sämig ist. Dann Wasser angießen und einmal aufkochen lassen. Die Karotten in den Sud geben. Sind sie nicht komplett vom Sud bedeckt, noch Wasser auffüllen. Die Limette zerteilen – das geht am einfachsten mit einem beherzten Schlag mit dem Handballen – und ebenfalls hinzufügen. Leicht salzen. Die Temperatur herunterschalten und die Karotten so lange köcheln lassen, bis sie bissfest sind. Alles in ein Sieb geben und den Fond in einem Topf auffangen. Die Karotten aus dem Sieb fischen, beiseite stellen und abkühlen lassen.

In der Zwischenzeit den Fond bei großer Hitze um die Hälfte einkochen lassen. Da sich dabei der Salzgeschmack intensiviert, erst am Schluss nachwürzen. Den reduzierten Fond abkühlen lassen und anschließend Olivenöl und Champagneressig einrühren. Die abgekühlten Karotten in der Vinaigrette schwenken und auf Tellern anrichten. Oliven über die Karotten verteilen, alles mit den Kräutern nach Belieben garnieren und die Vinaigrette über den Salat träufeln. Hervorragend passt dazu auch Büffelmozzarella.

> **TIPP**
> Besonders elegant wirkt der Salat, wenn er auf dem Blatt einer Aralie angerichtet wird. Aralienblätter gibt es abgepackt im Asialaden. Die Blätter vor dem Anrichten leicht mit Olivenöl einreiben, so bekommen sie einen schönen Glanz.

SALAT VON GELBER PFLAUME UND JAPANISCHEM RETTICH

Zutaten für 4 Personen
4 gelbe Pflaumen
2 EL Zucker
60 ml Sushi-Reisessig (z. B. von Kokumotsu)
2 EL Carotino-Öl
60 ml Prosecco
100 g eingelegter japanischer Rettich
(gibt`s knallig gelb als „pickled radish"
im Asialaden)

Zum Anrichten:
1 Handvoll Mangoldblätter
Salz
Zitronenöl

Zubereitung
Die Pflaumen waschen, trocken tupfen, halbieren, entkernen und vierteln.

Den Zucker in einer Pfanne bei leichter Hitze karamellisieren lassen. Mit Sushi-Reisessig, Carotino-Öl und Prosecco ablöschen. Die Pfanne sofort vom Herd ziehen und die Pflaumen dazugeben. Die Pfanne zurück auf den Herd stellen und die Prosecco-Vinaigrette bei leichter Hitze so lange einkochen lassen, bis die Flüssigkeit ganz leicht karamellisiert ist. Die Pflaumen darin schwenken. Die marinierten Pflaumen aus der Pfanne nehmen und auf einem Teller abkühlen lassen.

In der Zwischenzeit den Rettich in feine Streifen schneiden – am besten geht das mit einem Sparschäler. Die Mangoldblätter waschen, trocken schleudern und leicht salzen.

Die Rettichstreifen über die abgekühlten Pflaumen verteilen und den Salat mit Mangoldblättern anrichten. Zum Schluss einige Spritzer Zitronenöl darüberträufeln.

ARTISCHOCKEN MIT ROTEN LINSEN

Dieser Salat passt zu allen Arten von Fisch, aber auch zu Geflügel.

Zubereitung

Die Artischocken vorbereiten (siehe Infokasten unten) und in Spalten schneiden. Die Zwiebeln schälen, halbieren und den Wurzelansatz keilförmig entfernen. Die Zwiebeln in Scheiben schneiden. Die Knoblauchzehen abziehen und durch einen kurzen und kräftigen Schlag mit dem Handballen grob zerdrücken.

Das Olivenöl in einer Pfanne erhitzen und die Artischockenspalten zusammen mit dem Knoblauch bei mittlerer Hitze gut anbraten – die Artischocken sollen schön braun werden, fast Bratkartoffeln ähneln. Sobald die Artischocken etwas Farbe angenommen haben, die Zwiebeln mit anschwitzen. Leicht salzen. Die Thymianzweige im Ganzen in die Pfanne geben.

Die Artischockenspalten mit Weißwein oder Prosecco ablöschen, einmal aufkochen und dann reduzieren lassen, bis nur noch wenig Flüssigkeit übrig ist.

Unterdessen die roten Linsen in reichlich sprudelnd kochendem Wasser (ohne Salz!) weich garen. Das dauert 5 bis 6 Minuten.

Die Zitronenschalen in feinen Zesten abreißen und über die Artischockenspalten verteilen. Die gekochten Linsen unterheben. Carotino-Öl und Champagneressig einrühren und mit 1 guten Prise Salz abschmecken. Den Salat mit Schmortomaten und Kräutern oder Salat anrichten.

INFO

Gute Artischocken sind schön fest, vor allem in der Mitte, wo das Artischockenherz sitzt. Sind die grün-lila Blätter verfärbt oder haben sie braune Spitzen, sind sie nicht mehr frisch. Die Blätter sollten nicht labberig und der Stiel nicht verschrumpelt sein.

Zutaten für 4 Personen

2 Artischocken
1 Päckchen Zitronensäurepulver
2 weiße Zwiebeln
2 Knoblauchzehen
2 EL Olivenöl
Salz
4 Zweige Zitronenthymian
200 ml Weißwein oder Prosecco
160 g rote Linsen
2 Zitronen
2 EL Carotino-Öl
2 EL Champagneressig

Zum Anrichten:
Schmortomaten (siehe Seite 52) und Kräuter und/oder Salate nach Geschmack (Estragon, Rucola, Babyspinat oder roter Mangold)

ARTISCHOCKEN RICHTIG VORBEREITEN

Wenn Sie Artischocken küchenfertig machen, sollten Sie unbedingt mit Handschuhen arbeiten, da Artischocken eine hartnäckige braune Farbe an den Fingern hinterlassen. Außerdem werden ein Sägemesser und ein Kugelausstecher benötigt. Bevor Sie loslegen, lösen Sie ein Päckchen Zitronensäurepulver in einer Schüssel mit kaltem Wasser auf.
Den Stiel mit einem Sägemesser etwa 3,5 cm hinter dem Blütenboden abschneiden. Auch die Blätter an der äußersten Spitze und am Blütenboden wegschneiden. Die holzigen äußeren Blätter entfernen, bis die hellen, weicheren zum Vorschein kommen. Von diesen ebenfalls die Spitzen abschneiden. Die Artischocke längs halbieren und das bittere „Heu" (die weißen Härchen) mit einem Kugelausstecher herauskratzen. Die Artischockenhälften sofort ins Zitronenwasser legen. So wird verhindert, dass sie sich braun verfärben. Von der ursprünglichen Artischocke ist jetzt nur noch etwa ein Viertel übrig. Nicht wundern, ein großer Verschnitt ist ganz normal.

MUSKATKÜRBIS MIT ORANGEN

Zubereitung
Sämtliche Gewürze – also Sternanis, Chilischote, Ingwer, Kaffirlimettenblätter und Zitronengras – in eine Pfanne mit hohem Rand geben und mit Ingwersirup und einem Schuss Fischsauce würzen. Das Wasser und den Orangensaft hinzufügen und leicht salzen.

Alles zum Kochen bringen. Die Kürbisstücke hinzufügen, mit einem selbst gebastelten Backpapierdeckel (siehe Seite 61) bedecken und bei leichter Hitze so lange köcheln lassen, bis der Kürbis bissfest ist. Das dauert etwa eine Viertelstunde. Dann sofort den Kürbis samt Fond aus der Pfanne nehmen und abkühlen lassen.

Vor dem Anrichten den Kürbis mit Carotino-Öl beträufeln. Mit Orangenfilets und Zitronenthymian garnieren. Wer mag, kann vorher die Gewürze aus dem Kürbisfond fischen. Mir gefällt es aber besser, wenn sie drin bleiben; ich finde, man darf ruhig sehen, welche Power da drinsteckt. Und schöne Farbtupfer sind die Gewürze auch. Dieser Salat eignet sich übrigens hervorragend für die herbstliche Vorratshaltung: Im Einweckglas hält der eingelegte Kürbis ewig.

Zutaten für 6 Personen
30 g Ingwer
1 Stängel Zitronengras
800 g Muskatkürbis
2 Sternanis
1 frische rote Chilischote
3 Kaffirlimettenblätter
50 ml Ingwersirup
Fischsauce
250 ml Wasser
250 ml Orangensaft (100 %-Direktsaft aus der Flasche)
Salz
4 EL Carotino-Öl

Zum Anrichten:
einige Zweige Zitronenthymian
Orangenfilets

Morgens um fünf schaltet die Welt hier einen Gang höher. Während sie andernorts noch schlummernd in den Federn liegt, dreht sie rund um die Großmarkthalle in München schon so richtig auf: Da düsen wendige Gabelstapler über das weite Gelände, transportieren haufenweise Paletten und Holzkisten von einer Halle zur nächsten. Lkws karren Obst und Gemüse an oder ab.

Drinnen, in den Hallen, ist der Bauch von München zu besichtigen: Hier gibt es Kartoffeln aus Bayern, Zwiebeln aus Frankreich, Äpfel vom Bodensee, Tomaten aus Sizilien, exotisches Obst aus der Karibik und – wer's gebrauchen kann – getrocknete Erdbeeren aus Thailand. Vermutlich also so ziemlich jede Frucht, die unter der Sonne reift. So wie die fein geröteten Birnen, derart edel und zart, als warteten sie darauf, für ein Stillleben entdeckt zu werden. Doch Maler kommen hier eher selten vorbei. Dafür Ladenbesitzer und Köche.

Durch die langen Gänge schlendert mehrmals in der Woche auch Shane – auf der Suche nach den Zutaten für das tägliche Überraschungsmenü in „Shane`s Restaurant". Einen Einkaufszettel braucht er dafür nicht. „Wenn etwas so gut aussieht, dass es mir sofort ins Auge springt, wird es gekauft. Dazu lasse ich mir dann das passende Gericht einfallen."

An diesem Tag sind es neben anderen Delikatessen ein Karton voller knackiger Artischocken und ein paar Kilo draller Datteltomaten. „Wenn es fruchtig-süße Tomaten gibt, schlage ich immer zu", sagt Shane. „Die verarbeite ich zu Schmortomaten – davon kann ich nie genug auf Vorrat haben. Sie halten im Weckglas ewig." Sein Tipp: Gemüse und Früchte nur kaufen, wenn sie Saison haben. „Dann schmecken sie am besten. Von wässrigen Tomaten im Winter halte ich überhaupt nichts." Dafür umso mehr von kluger Vorratshaltung, nach dem Prinzip des Eichhörnchens: „Ich bin ein großer Fan von eingewecktem Obst und Gemüse." Beluga-Linsen mit Black-Bean-Gemüse, Tandoori-Karotten oder Auberginenpesto beispielsweise. Dafür braucht man keine Profiküche und auch keine Großmarkthalle. Ein paar Einweckgläser und ein guter Obst- und Gemüsehändler tun es auch. Außerdem sollte man den eigenen Sinnen vertrauen, der Nase vor allem. Shane: „Ich rieche immer an frischen Lebensmitteln, bevor ich sie kaufe." An Kräutern zum Beispiel. Über 20 verschiedene gibt es an seinem Lieblingsstand in der Großmarkthalle, dem Reich der 87-jährigen Maria Reitmeier. Sie hat, wonach Shane sucht: „Knackig frische Kräuter, die so aussehen, als seien sie gerade erst gepflückt worden." Sie lassen bei Shane die Ideen nur so sprießen. Denn: „Kräuter sind in der Küche fast so wichtig wie Salz."

TIPPS VON DER KRÄUTERFRAU MARIA REITMEIER:

✻ Kräuter guter Qualität sind an ihrer schönen, sattgrünen Farbe zu erkennen. Außerdem sollte man unbedingt daran riechen – ein intensiver Duft ist ein Indiz für viel Aroma. Kommt dagegen das Kraut geruchsneutral daher, ist das kein gutes Zeichen.

✻ Frische Kräuter leicht mit Wasser beträufeln und in einem Plastikbeutel im Gemüsefach des Kühlschranks aufbewahren. So halten sie sich etwa eine Woche lang.

✻ Kräuter sollte man vor dem Gebrauch stets waschen und gut abtropfen lassen, mit einer Salatschleuder geht das besonders fix.

✻ Nicht alle Kräuter eignen sich gut zum Einfrieren. Zartes Grün wie Majoran, Thymian oder Bohnenkraut beispielsweise büßt dabei zu viel an Aroma und Aussehen ein. Diese Kräuter sollte man deshalb besser an der Luft trocknen lassen. Dafür einzelne Bündel kopfüber aufhängen.

✻ Problemlos kann man dagegen Petersilie und Schnittlauch ins Eisfach geben: Zuerst die Kräuter waschen, abtropfen lassen und fein wiegen. Dann portionsweise in Plastikdosen einfrieren.

DRESSINGS

Ein Salat ohne Dressing ist wie – ja, wie? ... – ein Koch ohne Salz, ein Metzger ohne scharfes Messer. Auf jeden Fall eine halbe Sache. Wenn überhaupt. Salate bekommen durch das richtige Dressing erst den nötigen Kick. Es lohnt sich also, Dressings mit Hingabe zuzubereiten.

FENCHEL-ORANGEN-VINAIGRETTE

Zutaten für 4 Personen

100 g Fenchel
1 kleine weiße Zwiebel
4 EL Carotino-Öl
2 weiße Kardamomkapseln
Fenchelsamen
1 TL Orangenextrakt,
4 – 5 Zweige Thymian
Salz
1 Lorbeerblatt
150 ml Weißwein
200 ml frisch gepresster Orangensaft
1 EL Olivenöl
5 Basilikumblätter
Abrieb einer ¼ Zitrone

Zubereitung

Den Fenchel waschen, halbieren und den Wurzelansatz entfernen. Den Fenchel würfeln. Die Zwiebel in feine Scheiben schneiden.

2 EL Carotino-Öl in einer beschichteten Pfanne erhitzen und die Fenchelstücke sowie Zwiebelscheiben mit Kardamom, 1 Prise Fenchelsamen, Orangenpulver, den Thymianzweigen, 1 Prise Salz und dem Lorbeerblatt anschwitzen. Den Weißwein angießen, sodass das Gemüse bedeckt ist. Den Weißwein vollständig einkochen lassen, dann Orangensaft dazugeben und um die Hälfte einkochen lassen. Das Gemüse durch ein Sieb passieren und sorgfältig ausdrücken. Vor dem Ausdrücken 1 Schuss Wasser zum Gemüse ins Sieb geben – so gibt das Gemüse noch mehr Geschmack ab. 1 EL Olivenöl und 2 EL Carotino-Öl gut mit dem passierten Fond verrühren. Basilikumblätter und den Abrieb der Zitrone in die Vinaigrette geben und mit 1 Prise Salz abschmecken.

ASIATISCHE VINAIGRETTE

Zutaten für 4 Personen
2 TL weiße Sesamsaat
100 ml Yakiniku-No-Tare-Sauce (japanische Barbecuesauce aus dem Asialaden)
100 ml Teriyakisauce
2 EL Ingwersirup
2 EL Aceto Balsamico
2 EL Carotino-Öl
2 Kaffirlimettenblätter
2 EL Olivenöl
½ TL Five Spice Powder (chinesische Fünf-Gewürze-Mischung aus dem Asialaden)

Die Vinaigrette am besten am Vortag zubereiten, so können sich die Aromen gut entfalten.

Zubereitung

Den Sesam in einer beschichteten Pfanne ohne Öl goldbraun anrösten. Ab und zu mit einem Holzlöffel umrühren, damit die Körner nicht anbrennen. Sobald die Körner platzen, die Pfanne vom Herd ziehen und den Sesam auf einem Teller abkühlen lassen.

Yakiniku-No-Tare-Sauce und Teriyakisauce durch ein Sieb passieren, um Knoblauch- und Chilistückchen herauszufiltern. Die übrigen Zutaten – bis auf den Sesam – hinzugeben und alles gut mit einem Schneebesen verrühren. Vor dem Anrichten die Kaffirlimettenblätter entfernen, nochmals kräftig durchrühren und den angerösteten Sesam hinzufügen.

CHAMPAGNER-SESAM-HONIG-VINAIGRETTE

Zutaten für 4 Personen
2 EL weiße Sesamsaat
100 ml Champagneressig
Sesamöl
1 EL Honig
1 EL Ingwersirup
1 TL Dijonsenf
2 – 3 EL Wasser
30 ml Olivenöl

Diese Vinaigrette passt hervorragend zu Salat mit Entenbrust, Scampi oder Thunfisch sowie zu Chicoréesalat. Sie lässt sich gut aufbewahren – allerdings getrennt von den Sesamkörnern, die darin aufweichen würden.

Zubereitung
Den Sesam in einer beschichteten Pfanne ohne Öl goldbraun anrösten. Ab und zu mit einem Holzlöffel umrühren, damit die Körner nicht anbrennen. Sobald die Körner platzen, die Pfanne vom Herd ziehen und den Sesam auf einem Teller abkühlen lassen.

Inzwischen den Champagneressig mit einem Tropfen Sesamöl sowie dem Honig, Ingwersirup, Dijonsenf und Wasser verrühren. Zum Schluss das Olivenöl langsam einrühren. Erst kurz vor dem Anrichten den angerösteten Sesam dazugeben.

Zutaten für 4 Personen

2 Knoblauchzehen
1 Bund Basilikum
1 Dose geschälte Tomaten (400 g, ohne Flüssigkeit)
1 gehäufter EL Tomatenmark
½ TL scharfe Chilisauce
100 ml Champagneressig
1 TL Salz
2 TL Zucker
2 EL Olivenöl
1 Zweig Rosmarin
4 – 5 Zweige Thymian
1 EL Worcestersauce

TOMATENVINAIGRETTE

Die Vinaigrette passt zu Schmortomaten, Shiitake, Mozzarella und Tomate, aber auch zu Fisch und Geflügel.

Zubereitung

Mit dem Handballen kurz und kräftig auf die ungeschälten Knoblauchzehen schlagen, um sie so zu zerdrücken. Die Basilikumblätter grob zupfen.

Sämtliche Zutaten mit den Händen vermengen – dabei ruhig kräftig drücken, sodass sich die verschiedenen Aromen gut entfalten können. Tomaten übrigens nie mit dem Mixer bearbeiten, sie werden sonst trüb. Die Tomatenmischung bei Zimmertemperatur 3 bis 4 Stunden ziehen lassen und anschließend durch ein Sieb passieren.

WEISSER TOMATENSCHAUM

Zutaten für 8 Personen
1 Knoblauchzehe
1 Bund Basilikum
500 g vollreife Tomaten
1 TL Salz
2 EL Champagneressig
1 EL Zucker
rote Tabascosauce
1 EL Sushi-Reisessig
1 TL Fischsauce
5 Wacholderbeeren
50 ml Wasser
Saft einer ½ Limette
weißer Pfeffer aus der Mühle
2 Zweige Thymian
Blattgelatine (pro 100 ml ein Blatt)

Da der Aufwand für eine geringere Menge zu groß ist, den Rest einfrieren. Die Idee zu diesem Rezept wurde aus der Not heraus geboren. Besser, ehrlich gesagt, im Stress. Als mir einmal nicht danach war, eine aufwendige Tomatenmousse zu schlagen, experimentierte ich mit Gelatine. Es hat funktioniert und ich war ganz begeistert vom Ergebnis. Allerdings braucht es etwas Zeit, bis der Geschmack voll zur Geltung kommt. Da die Tomaten über Nacht mariniert werden, muss man mit der Zubereitung bereits am Vortag beginnen.

Zubereitung
Die Knoblauchzehe abziehen, kurz und kräftig mit dem Handballen daraufschlagen, um sie grob zu zerdrücken. Das Basilikum waschen und trocken schütteln. Die Blätter grob zupfen, beiseite stellen. Die Tomaten vierteln und mit Salz bestreuen. Champagneressig, Zucker, 1 Schuss Tabascosauce, Sushi-Reisessig, Fischsauce, zerdrückte Wacholderbeeren, die zerdrückte Knoblauchzehe, Wasser, Limettensaft, 1 Prise Pfeffer und Thymian zugeben. Alles mit den Händen – nie mit einem Stabmixer, da die Tomaten sonst trüb werden! – vermengen und die Tomaten dabei zerdrücken. Das Basilikum hinzufügen und über Nacht im Kühlschrank ziehen lassen.

Die Tomaten am nächsten Tag vorsichtig durch ein Tuch passieren – mit nicht zu viel Druck, sonst rutscht die rote Farbe der Tomaten mit hindurch. Wie bei einer Tomatenconsommé soll der Fond klar bleiben.

Den Fond abmessen und pro 100 Milliliter ein Blatt Gelatine in Wasser einweichen. Den Fond leicht erwärmen und die Gelatine darin auflösen. Nochmals kalt stellen. Den Fond vor dem Servieren mit dem Schneebesen oder dem Handrührgerät aufschäumen. Der Tomatenschaum ist steif und weiß wie geschlagenes Eiweiß – schmeckt aber würzig-fruchtig nach Tomate. Diese Vinaigrette ist wie geschaffen für den Frühling. An Bärlauchsalat, Salat von Büffelmozzarella oder Schmortomaten (siehe Seite 52) kann sie ihr tolles Aroma am besten entfalten.

BROT

KARTOFFELBROT

Kartoffelbrot mit Prosciutto (Schinken), Tomate und Mozzarella, Olivenpaste oder Bärlauchpesto ist ein tolles Fingerfood. Oder auch, mit verschiedenen Aufstrichen zu einem Glas Prosecco gereicht, ein schöner Willkommensgruß für Gäste.

Zutaten für 6 – 8 Personen (ergibt 1 Backblech)
½ Würfel Hefe (21 g)
1 Espressotasse lauwarmes Wasser
250 g Mehl und eine Prise zum Bestäuben
250 g grobe Kartoffelflocken
1 EL Salz
2 EL Olivenöl und etwas Olivenöl zum Einfetten des Blechs
375 ml Wasser

Zubereitung
Die Hefe in einen Topf krümeln und mit dem lauwarmen Wasser anrühren. Etwa 5 Minuten lang ruhen lassen. Dann das Mehl, die Kartoffelflocken, Salz, 1 EL Olivenöl und das Wasser unter die angerührte Hefe mischen und alles in der Küchenmaschine auf niedriger Stufe 5 Minuten langsam durchkneten – die Zutaten sollen sich gut verbinden und einen geschmeidigen Teig ergeben. Den Teig zurück in den Topf legen, mit etwas Mehl bestäuben und mit einem Tuch abdecken. Mindestens eine Stunde lang gehen lassen.

Anschließend ein Backblech mit Olivenöl bestreichen und mit Backpapier auslegen. Den Teig in die Mitte des Backblechs setzen, das restliche Olivenöl darüberträufeln und den Teig mit den Fingerspitzen von innen nach außen auf dem Backblech gleichmäßig verteilen. Der Teig soll etwa 1 cm hoch sein und an der Oberfläche durch den Druck der Fingerspitzen kleine Dellen haben – wie bei einer italienischen Focaccia. Den Teig auf dem Blech nochmals eine halbe Stunde gehen lassen.

In der Zwischenzeit den Backofen auf 250 Grad vorheizen. Das Brot im heißen Ofen 30 Minuten backen.

Dann sofort vom Blech nehmen, umdrehen und ausdampfen lassen.

SUPPEN

In einer guten Suppe steckt die Essenz des Kochens. Die Aromen werden auf den Punkt gebracht. Und in der ausgeklügelten Choreografie eines Menüs kitzeln Suppen die Geschmacksnerven: Der Gaumen kommt in Fahrt, bekommt Appetit auf mehr – und weiter geht's, mit dem Hauptgang …

ROTE PAPRIKASUPPE ASIA STYLE MIT GEBRATENEN SHIITAKE

Zutaten für 4 Personen

1 Handvoll Shiitake
4 rote Spitzpaprika
30 g junger Ingwer (geschält)
1 Stück Kurkuma, etwa 5 cm lang
Olivenöl
1 frische rote Chilischote
3 Kaffirlimettenblätter
Tomatenmark
Salz
1 EL Yakiniku-No-Tare-Sauce (japanische Barbecuesauce aus dem Asialaden)
Fischsauce
1 EL Ingwersirup
scharfe Chilisauce (Sriracha)

Zum Garnieren:
einige Zweige Zitronenthymian

Zubereitung

Die Shiitake in etwa 1 cm dicke Scheiben schneiden. Die Paprikaschoten waschen, halbieren, Strunk und Trennwände entfernen. Ingwer in Scheiben schneiden, die Kurkuma ebenfalls (dabei Handschuhe tragen, Kurkuma hinterlässt eine hartnäckige orange Farbe an den Händen).

In einer beschichteten Pfanne reichlich Olivenöl erhitzen. Shiitake schwimmen gern in Fett und brauchen viel Öl, um beim Anbraten eine schöne goldbraune Farbe anzunehmen. Sollte das Öl vorher aufgesaugt sein, weiteres Öl in die Pfanne geben. Die Pilze mit der ganzen Chilischote und den Kaffirlimettenblättern bei großer Hitze anbraten. Mit einer Messerspitze Tomatenmark würzen und leicht salzen – was bei Shiitake, in denen selbst wenig Wasser ist, übrigens schon vor dem Anbraten in Ordnung ist, bei anderen Pilzen nicht.

Inzwischen Paprika, Kurkuma und Ingwer in den Entsafter geben. Den Saft in einem Topf auffangen, Yakiniku-No-Tare-Sauce, 1 Schuss Fischsauce, den Ingwersirup und 2 Tropfen scharfe Chilisauce dazugeben, alles einmal aufkochen lassen. Vor dem Servieren die Shiitake dazugeben und mit ein paar Zweigen Zitronenthymian garnieren. Zu der Suppe passen sehr gut Schmortomaten (siehe Seite 52) als Einlage.

ZITRONENGRASSUPPE

Zutaten für 4 – 6 Personen
12 Stängel Zitronengras
½ mittelgroße weiße Zwiebel
10 Kaffirlimettenblätter
2 Loomi (getrocknete Limette)
1 Limette
2 EL Pflanzenöl
Sesamöl
Salz
150 ml Weißwein oder Prosecco
1 EL Fischsauce
300 ml Wasser
1 l Kokosmilch

Zum Anrichten:
Zwiebelsprossen
Korianderblätter
Thaibasilikum
Zitronenthymianblätter

Zubereitung
Die Zitronengrasstängel schräg in feine Stücke schneiden. Die Stängel können komplett verwendet werden, es muss nichts entfernt werden. Die Zwiebel abziehen, halbieren und den Wurzelansatz keilförmig entfernen. Die Zwiebel in grobe Stücke schneiden. Kaffirlimettenblätter grob zupfen. Die Loomi durch einen kurzen Schlag mit dem Handballen zerdrücken. Die Limette schälen und vierteln.

Das Pflanzenöl in einer beschichteten Pfanne erhitzen und 2 Tropfen Sesamöl – nicht zu viel, Sesamöl wirkt leicht penetrant! – dazugeben. Darin Zitronengras, Kaffirlimettenblätter, Loomi, Limette und Zwiebeln bei leichter Hitze anschwitzen. Mit 1 Prise Salz würzen und mit Weißwein oder Prosecco ablöschen. Die Hitze höher schalten und die Flüssigkeit einkochen lassen, bis davon nur noch wenig übrig ist. Dann die Fischsauce hinzufügen und das Wasser angießen. Unter Kochen bis auf die Hälfte reduzieren, die Kokosmilch dazugeben und einmal aufkochen lassen. Die Temperatur reduzieren und 10 Minuten köcheln lassen. Mit Salz abschmecken und zum Schluss durch ein Spitzsieb passieren.

Die Suppe auf dem Teller anrichten. Zwiebelsprossen, Korianderblätter, Blätter von Thaibasilikum und Zitronenthymian vermischen und auf der Suppe dekorativ platzieren. Wer mag, kann auch eine Handvoll frische Sojasprossen oder Pak Choi aus dem Asialaden in die heiße Suppe geben – durch die Hitze wird das Gemüse leicht gegart.

> **TIPP**
> Die Suppe lässt sich auch leicht zu Zitronengrasschaum weiterverarbeiten: Die fertige Suppe vom Herd nehmen und mit einem Stabmixer schaumig aufschlagen. Verwendung siehe Seite 12.

BLUMENKOHL-WASABI-SUPPE

Passt gut zu Pangasius, Garnelen, Lachs oder Hühnerbrust – als Vorsuppe oder Sauce.

Zutaten für 4 Personen
750 g Blumenkohl
1 mittelgroße weiße Zwiebel
2 Stängel Zitronengras
4 Kaffirlimettenblätter
80 g Butter
2 gehäufte TL Wasabipulver
grüne Tabascosauce
150 ml Weißwein
Salz
400 – 500 ml Geflügelfond
1 EL Avocadoöl (alternativ Olivenöl)
1 EL Fischsauce
1 l Kokosmilch
½ EL Wasabipaste aus der Tube
1 EL Olivenöl

Zubereitung

Den Blumenkohl waschen, putzen und in Röschen teilen. Ein paar kleinere Röschen beiseite legen, um damit später die Suppe zu garnieren. Den Rest des Blumenkohls, inklusive des Strunks, in grobe, gleichmäßig große Stücke schneiden. Die Zwiebel abziehen, halbieren, den Wurzelansatz keilförmig entfernen und die Zwiebel der Länge nach in schmale Streifen schneiden. Die Zitronengrasstängel in grobe Streifen schneiden. Die Kaffirlimettenblätter grob zupfen.

Die Butter bei leichter Hitze zerlassen und die Zwiebeln glasig anschwitzen. Anschließend die Hitze höher schalten und den Blumenkohl sowie das Zitronengras und die Kaffirlimettenblätter hinzufügen. Das Wasabipulver einstreuen. Unter kräftigem Rühren anbraten und mit etwa 4 Tropfen Tabasco würzen.

Mit dem Weißwein ablöschen und mit 1 Prise Salz würzen. Die Hitze reduzieren und den Wein vollständig einkochen lassen. Den Geflügelfond angießen. Avocadoöl sowie Fischsauce einrühren. Köcheln lassen, bis die Hälfte der Flüssigkeit eingekocht ist.

Anschließend die Kokosmilch hinzufügen und einmal aufkochen lassen. Die Wasabipaste zugeben. Erneut aufkochen lassen und bei reduzierter Hitze 5 Minuten köcheln lassen. Nochmals mit Salz abschmecken.

Die Suppe kurz mit dem Stabmixer pürieren – nicht zu lange, sonst wird daraus ein dicklicher Brei. Die Suppe durch ein Sieb passieren.

Das Olivenöl in einer beschichteten Pfanne erhitzen und die beiseite gelegten Blumenkohlröschen goldbraun anbraten und leicht salzen. Die Suppe anrichten und mit den Blumenkohlröschen garnieren.

GEMINZTE ERBSENCREMESUPPE

Zubereitung

Die Zwiebel abziehen, halbieren, den Wurzelansatz keilförmig entfernen und die Zwiebel in feine Scheiben schneiden.

Die Butter bei leichter Hitze zerlassen und die Zwiebeln glasig anschwitzen. Kaffirlimettenblätter und Minze grob zupfen und zu den Zwiebeln geben. Leicht salzen. Die Temperatur erhöhen, alles kräftig 1 bis 2 Minuten kochen lassen und mit dem Weißwein ablöschen. Den Wein vollständig einkochen lassen. Das dauert etwa 10 Minuten. Anschließend die Kokosmilch einrühren und alles aufkochen lassen. Mit Salz und ein paar Spritzern Fischsauce abschmecken. Die Erbsen hinzufügen und aufkochen lassen.

Die Suppe mit dem Stabmixer fein pürieren und danach sorgfältig durch ein Sieb passieren, damit die Erbsenhülsen herausgefiltert werden. Mit Salz abschmecken. Die Suppe nochmals erhitzen und sofort anrichten.

Zutaten für 4 Personen

½ weiße Zwiebel
20 g Butter
3 Kaffirlimettenblätter
4 – 5 Zweige Minze
Salz
50 ml Weißwein
400 ml Kokosmilch
Fischsauce
150 g Tiefkühlerbsen

VEGETARISCHES

Vegetarier haben selten die Qual der Wahl. Gemüselasagne oder Ofenkartoffeln mit Dip, das war's meist auch schon. Sehr viel aufregender wird's oft nicht. Dabei braucht es für echte Geschmackserlebnisse nur etwas Raffinesse. Dann aber sind selbst leidenschaftliche Fleischesser hin und weg.

SÜSSKARTOFFEL-TANDOORI-GEMÜSE MIT SCHWARZEM KARDAMOM

**Zutaten für 2 Personen
(für 4 Personen als Beilage)**
2 Süßkartoffeln (insgesamt etwa 500 g)
1 daumengroßes Stück Ingwer
2 rote Zwiebeln
2 EL Carotino-Öl
3 schwarze Kardamomkapseln
1 frische rote Chilischote
½ EL Tomatenmark
1 EL Tandooripulver
Salz
200 ml Weißwein
Wasser
1 Dose geschälte Tomaten (400 g)
Fischsauce
rote Tabascosauce
1 EL Teriyakisauce

Zum Anrichten:
1 Bund Frühlingszwiebeln
1 frische rote Chilischote
Estragonblätter

Zubereitung

Die Süßkartoffeln schälen, vierteln und der Länge nach in gleich große Stücke schneiden. Den Ingwer schälen und halbieren. Die Zwiebeln abziehen, halbieren und den Wurzelansatz entfernen. Die Zwiebeln in grobe Streifen schneiden.

Das Carotino-Öl in einem größeren Topf erhitzen und die Zwiebeln sowie den Ingwer zusammen mit dem Kardamom bei mittlerer Hitze anschwitzen. Süßkartoffelstücke, Chilischote (im Ganzen) und Tomatenmark dazugeben und mit Tandooripulver bestreuen. Alles gut vermischen und leicht salzen. Mit dem Weißwein ablöschen und den Alkohol vollständig einkochen lassen. Dann so viel Wasser hinzufügen, dass das Gemüse leicht bedeckt ist. Einen Backpapierdeckel (siehe Seite 61) direkt auf das Gemüse legen und alles bei mittlerer Hitze langsam köcheln lassen, bis die Kartoffeln weich sind. Das dauert 10 bis 15 Minuten.

Anschließend die Tomaten durch ein Sieb in den Topf streichen, um Kerne und eventuell noch vorhandene Schalen herauszufiltern. Etwa 5 Tropfen Fischsauce hinzufügen und alles einmal aufkochen lassen. Mit Salz, 3 bis 5 Tropfen roter Tabascosauce und der Teriyakisauce abschmecken. Die Ingwerhälften und die Chilischote aus dem Gemüse entfernen. Kurz vor dem Servieren die Frühlingszwiebeln schräg in Scheiben schneiden und über das Gemüse verteilen. Mit der Chilischote und Estragonblättern anrichten.

ROTE PAPRIKA MIT ZITRONENCOUSCOUS

Zutaten für 4 Personen
4 rote Spitzpaprika
Salz und Pfeffer aus der Mühle
Tandooripulver
4 TL Olivenöl und etwas Olivenöl
zum Einfetten des Blechs
½ große weiße Zwiebel
3 Knoblauchzehen
100 g Shiitake
300 g Couscous
Abrieb 1 Zitrone
Saft einer ½ Zitrone
1 frische rote Chilischote
2 EL Zitronenöl und etwas Zitronenöl
zum Nappieren
2 EL Pflanzenöl
200 ml Wasser
1 EL Teriyakisauce
4 – 5 Zweige Zitronenthymian

Zum Anrichten:
1 Schuss Teriyakisauce
½ EL Champagneressig

Zubereitung

Von den Paprika jeweils oben einen Deckel abschneiden und beiseite legen. Die Schoten sorgfältig entkernen, sonst schmecken sie bitter. Jede Paprika innen mit 1 Prise Salz, etwas Tandooripulver und 1 TL Olivenöl würzen. Die Zwiebel in schmale Längsstreifen schneiden. Die Knoblauchzehen durch einen kurzen, aber kräftigen Schlag mit dem Handballen zerdrücken. Die Shiitake ohne Wasser säubern und in etwa 1 cm dicke Scheiben schneiden. Couscous mit der abgeriebenen Schale 1 Zitrone, 2 zerdrückten Knoblauchzehen und 1 Prise Salz mischen. Die Chilischote einmal durchbrechen und ebenfalls dazugeben.

Das Zitronenöl in einem Topf erhitzen und darin bei mittlerer Hitze die Zwiebelstreifen glasig anschwitzen. Die Pilze dazugeben und leicht salzen. Da Shiitake beim Anbraten viel Öl brauchen, noch 2 EL Pflanzenöl hinzufügen und die Pilze goldbraun anbraten. Dann die Couscous-Mischung einrühren und kurz mit angehen lassen. Nochmals leicht salzen. Die Hitze reduzieren und das Wasser angießen. Bei geschlossenem Deckel und leichter Hitze etwa 5 Minuten langsam ziehen lassen. Keine Panik: Couscous setzt etwas am Topfboden an, das ist ganz normal. Wichtig ist, dass der Couscous darüber leicht und luftig ist. Mit Teriyakisauce und Zitronensaft abschmecken. Den Couscous abkühlen lassen und erst dann die Schoten damit füllen. Den übrigen Couscous beiseite stellen. Die Ränder der Schoten gut säubern – so kann im Ofen nichts anbrennen.

Den Ofen auf 180 Grad vorheizen. Die Paprikaschoten auf ein mit Olivenöl eingefettetes Backblech setzen. Die Füllung mit einem Löffel gut festdrücken, die Deckel gegen die dazugehörigen Schoten lehnen. Zitronenthymianzweige und 1 Knoblauchzehe mit aufs Blech geben. Die Paprikaschoten salzen, pfeffern und von außen mit Zitronenöl nappieren. 20 Minuten im Ofen garen.

In der Zwischenzeit Teriyakisauce und Champagneressig mit dem restlichen Couscous vermengen und zu den gefüllten Paprikaschoten servieren.

LILA KARTOFFELGNOCCHI MIT TONKABOHNE UND VANILLE

Diese lilafarbenen Gnocchi sorgen nicht nur optisch für einiges Aufsehen, sondern auch geschmacklich. Vielleicht eine verrückte Assoziation, aber die rauchig-würzigen Aromen und der edle Trüffel haben etwas von der Noblesse eines englischen Herrenklubs mit schweren Ledersesseln, in den sich distinguiert dreinschauende Männer zu Whisky und Pfeife zurückziehen. Ähnlich vornehm ist auch dieses Gericht. Und der Vergleich ist gar nicht so abwegig, denn die Tonkabohne aromatisiert nicht nur Speisen, sondern manchmal auch Tabak und Herrenparfum.

Zutaten für 4 Personen
Meersalz
Kümmel
1,2 kg lila Kartoffeln (Trüffelkartoffeln)
Tonkabohne (siehe Infokasten unten)
1 TL Purple Currypulver
Vanillesalz (siehe Seite 112)
1 Vanilleschote
4 Eigelb
60 g Butter
130 g Mehl
1 Handvoll Babymangold
2 EL Olivenöl
Salz und Pfeffer aus der Mühle
1 TL kalte Butter

Zum Anrichten:
100 ml Madeira, 100 ml Portwein
10 g kalte Butter, Asia-Trüffeln

Zubereitung

Den Ofen auf 180 Grad vorheizen. Ein Stück Alufolie mit je 1 Prise Meersalz und Kümmel bestreuen. Eine Kartoffel daraufsetzen und in der Alufolie einwickeln. Auf diese Weise sämtliche Kartoffeln einzeln verpacken. Durch die Alufolie trocknen die Kartoffeln im Ofen nicht aus.

Die Kartoffelpäckchen auf ein Backblech setzen und etwa 1 ½ Stunden im Ofen garen, bis die Kartoffeln innen weich sind.

Dann die Kartoffeln aus der Folie nehmen und halbieren. Das Kartoffelfleisch mit einem Löffel aus der Schale kratzen und anschließend durch eine Kartoffelpresse drücken. Die Tonkabohne sparsam mit einer Microplane-Reibe über die Kartoffeln hobeln (etwa 4-mal über die Reibe ziehen), Purple Currypulver hinzugeben und alles gut vermischen. Die Kartoffeln mit 1 guten Prise Vanillesalz würzen.

Die Vanilleschote der Länge nach aufschneiden und auskratzen. Vanillemark und Eigelbe mit einem Spiralschneebesen verquirlen und unter die Kartoffelmasse heben.

Die Butter erhitzen, schaumig-goldbraun werden lassen und zusammen mit dem Mehl zu den Kartoffeln geben. Alles gut vermengen. Der Gnocchiteig sollte eine eher feste Konsistenz haben. Gegebenenfalls noch etwas Mehl einrühren. Den Teig aus der Schüssel nehmen und auf der mit Mehl bestäubten Arbeitsplatte sorgfältig durchkneten – wie einen Brotteig. Daraus zunächst einen Laib formen, dann eine Art Baguette. Dieses in Klarsichtfolie einrollen und 2 Stunden im Kühlschrank ruhen lassen.

Danach die Teigrolle in Scheiben schneiden. Jede Scheibe ausrollen und daraus etwa daumendicke Schlangen formen. Davon etwa 2 cm große Gnocchi abschneiden.

TONKABOHNE

Die Tonkabohne ist der Samen des Tonkabaums, der in Südamerika und der Karibik wächst. Die Bohne erinnert in ihrer Form an einen schmalen Mandelkern, ist aber schwarz und wird in der Küche ähnlich wie eine Muskatnuss dosiert: also sehr sparsam. Das liegt an dem intensiven, süßlich-rauchigen Aroma. Vor allem aber am Kumarin, das in der Tonkabohne ebenso enthalten ist wie in Zimt – der deshalb vor ein paar Jahren ins Gerede gekommen ist. Kumarin steht im Verdacht, krebserregend zu sein. Zehn Jahre lang, bis 1991, war die Tonkabohne deshalb in Deutschland verboten. Doch wie so oft ist alles nur eine Frage der Dosierung. Inzwischen ist die Tonkabohne wieder ein ganz legales Gewürz. Allerdings eines, dessen Gebrauch die EU per Aromenverordnung begrenzt: Darin ist festgelegt, dass im Handel erhältliche Lebensmittel nicht mehr als 2 Milligramm Tonkabohne pro Kilo enthalten dürfen.

TIPP

Im heißen Wasser büßen die Gnocchi etwas von ihrer schönen lila Farbe ein. Doch mit einem Trick kann man dem entgegenwirken: einfach eine frische Rote Bete vierteln und 10 bis 15 Minuten in dem Wasser kochen, in dem anschließend die Gnocchi gekocht werden. Die Rote Bete färbt das Wasser lilarot – und frischt dadurch die Farbe der Gnocchi auf. Bevor die Gnocchi gekocht werden, die Rote Bete wieder aus dem Wasser nehmen.

Die Gnocchi in reichlich sprudelnd kochendem Salzwasser gar ziehen lassen, bis sie an die Wasseroberfläche steigen – das dauert etwa 3 Minuten. Mit einem Schaumlöffel herausnehmen, abtropfen und kurz abkühlen lassen.

Unterdessen in einem Topf Madeira und Portwein so lange köcheln lassen, bis die Flüssigkeit auf etwa ein Viertel (50 ml) reduziert ist. Dann die kalte Butter einrühren.

Babymangold waschen und trocken schütteln. Olivenöl in einer beschichteten Pfanne erhitzen und die Gnocchi bei leichter Hitze kurz anbraten. Salzen, pfeffern und die kalte Butter sowie den Babymangold dazugeben. Alles gut durchschwenken. Gnocchi auf dem Teller anrichten, mit Madeira-Portwein-Jus beträufeln und reichlich Asia-Trüffeln darüberhobeln.

SHANES SCHMORTOMATEN

Zutaten für 2 Personen
2 Handvoll Datteltomaten
Eiswürfel
Carotino-Öl
Salz
Puderzucker
3 Knoblauchzehen
4 Zweige Rosmarin
4 Zweige Thymian
1 Handvoll Basilikumblätter
weißer Pfeffer aus der Mühle

Egal ob in meinem Restaurant oder zu Hause – diese Tomaten habe ich immer vorrätig. Sie sind aber auch zu gut! Süß und fruchtig sind sie ein tolles Naschwerk. Sie passen zu Safran-Limetten-Risotto (siehe Seite 56) genauso gut wie zu Pfifferling-Tagliatelle (siehe Seite 134) oder einfach zu Büffelmozzarella mit Basilikum oder einer Scheibe Wildschweinrücken. Mein Tipp: Schlagen Sie über die Stränge. Verdoppeln, verdreifachen, vervielfachen Sie die Mengenangaben in diesem Rezept – denn in einem Einmachglas in Olivenöl eingelegt, halten sich die Schmortomaten monatelang im Kühlschrank.

Zubereitung

Die Tomaten mit einem Messer am unteren Ende kreuzweise einschneiden, damit sich die Haut später leichter ablösen lässt. Eine Schüssel mit kochend heißem Wasser und eine Schüssel gefüllt mit Eiswürfeln bereitstellen. Zunächst die Tomaten höchstens 30 Sekunden in das kochend heiße Wasser legen, mit einem Schaumlöffel herausholen und sofort in das Eiswasser geben. Dadurch wird der Garprozess unterbrochen und verhindert, dass die Tomaten matschig werden. Die Haut direkt im kalten Wasser abziehen, so lässt sich auch die Schleimhaut leicht abwaschen. Die Tomaten trocken tupfen.

Die Tomaten in eine Schüssel legen und mit Carotino-Öl leicht bedecken. Mit 1 Prise Salz und 1 Prise Puderzucker bestreuen. Die ungeschälten Knoblauchzehen durch einen Schlag mit dem Handballen zerdrücken und zu den Tomaten geben, ebenfalls Thymian, Basilikum und die vom Zweig abgezogenen Rosmarinblätter. Alles in der Schüssel gut durchschwenken und dann in eine feuerfeste Form oder auf ein Backblech mit Rand geben. Mit Pfeffer würzen. Die Tomaten bei 80 Grad 2 Stunden im Ofen schmoren. Herausnehmen, Knoblauch und Kräuter entfernen und abkühlen lassen.

YELLOW-PAPRIKA-CURRY MIT SAFRAN UND POK CHOI

Für Currys gibt es jede Menge Pasten und Pulver. Die Fertigmischungen müssen nicht schlecht sein und schon gar nicht unappetitlich. Warum sollte man also selbst für die Würze sorgen? Weil es die bessere und edlere Variante ist. Ganz zu schweigen von dem betörenden Duft. Dieses Rezept lohnt sich allein schon wegen des Aha-Effekts: Kaum zu glauben, was so alles in einer gelben Paprikaschote steckt. Vor allem wie viel Farbe, wenn man per Entsafter alles aus ihr herausholt. Ganz ohne Tricks, Farbstoffe oder andere „Aufputschmittel": Hier sorgen allein die Paprikaschoten für die herrlich sonnengelbe Farbe des Currys.

Zutaten für 4 Personen

3 Stängel Zitronengras
½ mittelgroße weiße Zwiebel
4 Knoblauchzehen
1 Loomi (getrocknete Limette)
40 g Ingwer
15 g frische Kurkuma
8 gelbe Paprikaschoten
400 g Pok Choi
2 EL Carotino-Öl
10 Zweige Zitronenthymian
4 Minzeblätter
Safran
1 frische rote Chilischote
Sesamöl
Salz
1 TL Tandooripulver
Weißwein oder Prosecco
400 ml Kokosmilch
einige Basilikumblätter
1 EL Olivenöl
Fischsauce

Zum Anrichten:
Thaibasilikum oder Koriander, Zitronenzesten

Zubereitung

Das Zitronengras in Stücke schneiden. Die Zwiebel abziehen und in feine Scheiben schneiden. Die ungeschälten Knoblauchzehen und die Loomi durch einen Schlag mit dem Handballen grob zerdrücken. Ingwer und Kurkuma ebenfalls in Scheiben schneiden (mit Handschuhen arbeiten, Kurkuma hinterlässt eine hartnäckige orange Farbe an den Händen). Die Paprikaschoten waschen, halbieren und den Strunk sowie die Trennwände entfernen. Pok Choi waschen, das Wurzelende nur gerade, aber nicht ganz abschneiden, damit der Kohl nicht auseinanderfällt, und der Länge nach halbieren.

Das Carotino-Öl in einem großen Topf erhitzen und Zwiebeln, Knoblauch, Zitronengras, Ingwer, Kurkuma sowie Loomi zusammen mit Zitronenthymian, Minze, 1 Prise Safran und der Chilischote im Ganzen anschwitzen. 1 Tropfen Sesamöl (vorsichtig dosieren, sonst schmeckt es zu penetrant) hinzufügen und leicht salzen. Tandooripulver über die Mischung streuen und mit anschwitzen. Anschließend mit 1 guten Schuss Weißwein oder Prosecco ablöschen, die Hitze reduzieren und 10 Minuten köcheln lassen. Die Paprikaschoten in den Entsafter geben und den Saft direkt in den Topf laufen lassen. Einmal aufkochen, Kokosmilch und Basilikumblätter dazugeben, salzen und etwa 15 Minuten langsam köcheln lassen.

In der Zwischenzeit das Olivenöl erhitzen und den Pok Choi nur 2 bis 3 Minuten bissfest dünsten, anschließend salzen.

Das Curry durch ein Sieb passieren und mit Fischsauce und Salz abschmecken. Den Pok Choi hinzufügen und kurz ziehen lassen.

Das Yellow-Paprika-Curry auf dem Teller anrichten und mit Thaibasilikum oder Koriander und Zitronenzesten garnieren.

TIPP 1

Statt des Pok Choi kann man zu diesem fleischlosen Curry genauso gut Fenchel, Sprossen oder Paprika verwenden, für eine nicht-vegetarische Variante auch Huhn, angebratene Rinderfiletstücke oder Pangasius. Eine andere Möglichkeit: Im abpassierten Curry kleine Kartoffelstücke garen – Kartoffeln nehmen die Aromen bereitwillig an.

TIPP 2

Das Curry ist auch eine gute Basis für eine sensationelle asiatische Vinaigrette: Dafür einfach ein paar Löffel der Paprika-Gewürz-Mischung beiseite stellen, bevor die Kokosmilch hinzugefügt wird. Weißen Sesam ohne Öl in einer Pfanne anrösten und in die Currybasis streuen. Mit Champagneressig und Olivenöl verrührt, wird daraus ein wunderbares Dressing, das gut mit Scampisalat, Sprossen oder Muscheln harmoniert.

Dazu weißen Reis, am besten Basmati, servieren. Mein absoluter Lieblingsreis ist der von „Tilda", den es in jedem Asialaden gibt. Reis zu kochen ist kinderleicht und dauert, je nach Sorte, höchstens 20 Minuten: Immer zwei Teile leicht gesalzenes Wasser mit einem Teil Reis zum Kochen bringen. Dann den Reis bei milder Hitze weich garen.

SAFRAN-LIMETTEN-RISOTTO

**Zutaten für 4 Personen
(oder für 6 Personen als Vorspeise)**

1 rote Zwiebel
2 Knoblauchzehen
50 g Frühlingszwiebeln
10 g frische Kurkuma
2 EL Olivenöl
4 Kaffirlimettenblätter
300 g Risottoreis
Salz
etwa 20 Safranfäden
2 Zweige Zitronenthymian
100 ml Weißwein
1 ½ l heißer Gemüsefond
1 Limette
50 g Parmesan
20 Schmortomaten (siehe Seite 52) oder Kirschtomaten

Zum Anrichten:
1 Handvoll Basilikumblätter
einige Zweige Zitronenthymian, ½ Limette

TIPP

Wem der Risotto zu trocken ist, der kann noch ein kleines Stück Butter unterheben und ein paar Löffel heißen Fond unterrühren. Aber das ist Geschmackssache, auch wenn es heißt, ein perfekter Risotto müsse eine cremig-geschmeidige Konsistenz haben.

Zubereitung

Die Zwiebel abziehen, halbieren und den Wurzelansatz keilförmig entfernen. Die Zwiebel in feine Streifen schneiden. Viele Köche würfeln die Zwiebeln für einen Risotto. Mir gefallen Streifen besser, weil sie im Risotto besser zur Geltung kommen. Knoblauchzehen schälen und mit dem Handballen kurz und kräftig daraufschlagen, um sie zu zerdrücken. Die Frühlingszwiebeln waschen, putzen und in grobe Stücke schneiden. Kurkuma in Scheiben schneiden.

Das Olivenöl in einer Pfanne mit hohem Rand erhitzen und die Zwiebelstreifen zusammen mit dem Knoblauch und den Kaffirlimettenblättern anschwitzen. Anschließend den Risottoreis dazugeben und ein paar Minuten mit angehen lassen. Leicht salzen. Safranfäden einstreuen, Zitronenthymianzweige im Ganzen und Kurkumascheiben hinzufügen. Ab und zu mit einem Holzlöffel umrühren, damit der Reis nicht ansetzt.

Mit Weißwein ablöschen und den Alkohol bei mittlerer Hitze komplett herauskochen. Dann den Reis mit etwas heißem Fond – nicht zu viel auf einmal! – bedecken und bei leichter Hitze langsam köcheln lassen. Der Fond sollte heiß sein, da die Hitze den Garprozess unterstützt. Zwischendurch immer wieder mit dem Holzlöffel umrühren. Sobald der Reis die Flüssigkeit aufgesogen hat, erneut mit etwas Fond bedecken – und dies so lange wiederholen, bis der Reis gar ist und noch einen leichten Biss hat. Das dauert, je nach Reissorte, etwa 15 Minuten.

Während der Reis kocht, die Limette schälen und filetieren. Das geht am einfachsten, indem man mit dem Messer zwischen den einzelnen Hauttaschen entlangfährt und so die Fruchtscheiben freilegt. Limettenfilets in einer Schüssel beiseite stellen und das übrig gebliebene Hautgerippe der Limette darüber ausdrücken, um noch etwas Saft aufzufangen.

Zitronenthymianzweige und Kaffirlimettenblätter aus dem gekochten Risotto fischen. Parmesan darüberreiben und unterrühren. Zum Schluss Limettenfilets samt Saft, Frühlingszwiebeln und Schmortomaten vorsichtig unterheben. Den Risotto mit gezupften Basilikumblättern und Zitronenthymianzweigen anrichten. Die Schale der Limette in feinen Zesten abreißen und darüberstreuen.

BÄRLAUCHPESTO

Zutaten für 4 Personen

1 Eiswürfel
2 Handvoll Bärlauch
60 g Pinienkerne
2 EL Trüffelöl
100 ml Olivenöl
Salz
20 g frisch geriebener Parmesan

Im Frühling begrüße ich meine Gäste gerne mit diesem perfekten Dreiklang: ein Glas Prosecco, dazu Kartoffelbrot (siehe Seite 36) und Bärlauchpesto. Den Bärlauch sammle ich im Englischen Garten – und zwar so viel ich nach Hause tragen und verarbeiten kann, denn die Bärlauchsaison ist immer wieder viel zu schnell vorbei. Bärlauchpesto kann man gut einfrieren, und in einem Weckglas mit Olivenöl bedeckt hält es beinahe ewig. Theoretisch zumindest. Praktisch nie. Denn ob zu Spaghetti mit Prosciutto, Kartoffelgnocchi (siehe Seite 128), auf Selleriepüree (siehe Seite 81) oder Salat – die Einsatzmöglichkeiten von Bärlauchpesto sind mannigfaltig. Zum Beispiel bei einem Frühlingspicknick, für die ersten warmen Abende auf dem Balkon: Schmortomaten (siehe Seite 52) mit Bärlauchpesto, dazu ein Baguette und ein guter Weißwein, sensationell!

Zubereitung

Eiswürfel in einen Gefrierbeutel geben, den Beutel verschließen und den Eiswürfel mit einem schweren Gegenstand zerstoßen. Den Bärlauch waschen, trocken tupfen und zusammen mit dem zerstoßenen Eis in der Moulinette oder einer Küchenmaschine mit Schneideeinsatz zerkleinern. Der Eiswürfel hat dabei eine trickreiche Aufgabe: Er wirkt der Wärme entgegen, die sich beim Cuttern in der Maschine entwickelt, und verhindert so, dass der Bärlauch grau wird.

Pinienkerne (nicht vorher anrösten!), Trüffel- und Olivenöl sowie 1 Prise Salz mit in die Maschine geben und alles zerkleinern.

Anschließend das Pesto mit einem Teigschaber aus der Küchenmaschine kratzen und in eine Schüssel füllen. Den Parmesan unterheben und in Weckgläser füllen oder einfrieren.

TOMATEN-OLIVEN-PESTO

Zutaten für 4 Personen
1 EL Salbeiblätter
100 g getrocknete Tomaten (nicht in Öl eingelegt)
3 EL Carotino-Öl
50 g getrocknete Oliven ohne Kerne

Passt zu Pasta und Kartoffelbrot (siehe Seite 36), ist aber auch eine tolle Glasur für Grillfleisch: dafür einfach Selleriepüree (siehe Seite 81) auf Porzellanlöffel setzen und mit etwas Tomaten-Oliven-Pesto garnieren.

Die Salbeiblätter waschen, trocken tupfen und fein hacken. Die Tomaten zusammen mit dem Carotino-Öl in einer Küchenmaschine oder Moulinette zerkleinern. Anschließend Oliven und Salbeiblätter hinzufügen und nochmals cuttern. Das Pesto in Weckgläser abfüllen oder einfrieren.

Und, wie kochst Du so? Irgendwann kommt diese Frage immer. Gar nicht so leicht, darauf eine Antwort zu finden. Es gibt ja so viele: Ehrlich. Euro-asiatisch. Ohne Schnickschnack. Immer mit beiden Händen, allen Sinnen und dem nötigen Quäntchen Verstand. Alles sind mögliche Antworten. Doch vielleicht lässt sich meine Art zu kochen am besten mit dem kernigen Ausdruck „rubbel die Katz" beschreiben. Falls Sie dabei fälschlicherweise an Katzenmassage denken sollten, lassen Sie sich von einem Iren auf die Sprünge helfen – rubbel die Katz bedeutet so viel wie: schnell und unkompliziert. Das ist mein deutsches Lieblingswort und mein Motto in der Küche. Gut möglich, dass es da manchem zu unorthodox zugeht. Es soll ja Leute geben, für die zum Beispiel das sorgfältige Schälen einer Knoblauchzehe eine Art gutbürgerliches Küchengesetz oder wahlweise meditative Entspannungsübung ist. Für mich nicht. Wenn das Gericht ohnehin passiert wird oder die Schalen auf andere Weise leicht zu entfernen sind, erspare ich mir die Mühe, den Knoblauch abzuziehen. Auch mit Chilischoten mache ich meist kurzen Prozess: einfach durchbrechen und rein damit. Das ist dem Geschmack kein bisschen abträglich, im Gegenteil: Knoblauchzehen werden durch die Schale vor zu viel direkter Hitze geschützt. Und die Chilischote gibt genau die richtige Menge an Schärfe ab. Das ist ehrliche Küche ganz nach meinem Geschmack – „Kochen zum Anfassen" eben.

DECKEL AUS BACKPAPIER

Deckel aus Backpapier sind oft die bessere Wahl, weil bei normalen Deckeln das Wasser auf den Topfinhalt tropft, der dadurch verwässert wird. Zu jedem Topf lässt sich ganz leicht ein exakt passender Backpapierdeckel falten. So geht´s:

Vom Backpapier ein quadratisches Stück abschneiden. Das Quadrat vor sich hinlegen. Die Kante der unteren Seite auf die Kante der gegenüberliegenden oberen Seite falten und nicht wieder öffnen. Dabei entsteht ein Rechteck. Nun die Kante der rechten Schmalseite auf die Kante der linken Schmalseite falten und nicht wieder öffnen. Dabei entsteht ein Quadrat. Die linke untere Ecke auf die rechte obere Ecke falten. Dabei entsteht ein Dreieck.

Das Dreieck so vor sich hinlegen, dass die lange Seite nach unten zeigt. Die Kante dieser Seite zur Kante der rechten (kürzeren) Seite falten. Dabei entsteht eine Art Tüte. Noch einmal die Kante der unteren (geschlossenen) Seite auf die Kante der gegenüberliegenden oberen Seite falten. Dabei entsteht ein Pfeil. Den Pfeil jetzt so über den Topf halten, dass die Pfeilspitze in der Mitte des Topfes liegt. Das Stück Papier, das am hinteren Ende des Pfeils über den Topfrand hinausragt, abschneiden und wegwerfen. Das verbliebene Papier auseinanderfalten, fertig ist der perfekte Deckel!

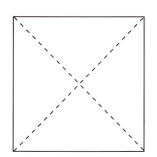 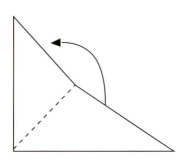  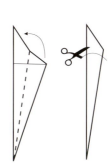 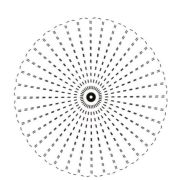

Zutaten

1 EL Koriandersamen
2 Loomi (getrocknete Limetten)
6 getrocknete Tomaten (ohne Öl)
100 g weiße Sesamsaat
100 g schwarze Sesamsaat
100 g getrocknete Paprikaflocken
100 g getrocknete Knoblauchflocken
1 EL Tandooripulver
1 EL Mohn
1 TL Pimentpulver
1 TL weißer Pfeffer aus der Mühle
1 EL Murray-River-Salzflocken
1 TL Dayong-Gewürz

SHANE'S ORIENTAL GEWÜRZMISCHUNG

Jeder Koch hat seine Lieblingsgewürzmischung. Dies ist meine. Auch fertig gemischt zu bestellen unter: www.shaneskitchen.de .

Zubereitung

Koriandersamen und Loomi zerstoßen. Loomistücke zusammen mit den getrockneten Tomaten kurz in einer Moulinette zerkleinern und mit den restlichen Zutaten vermischen.

FONDS & SAUCEN

Vorbei die Zeiten, da hervorragende Saucen nur aus einem Bratenfond angerührt wurden. Längst können wir dafür auch mit dem Inventar fremder Küchen experimentieren, der asiatischen vor allem. Deren Vielfalt an Gewürzen und Kräutern erweitert unseren Aromenhorizont. Das ist auch heute noch so – Jahrhunderte nachdem Seefahrer erstmals säckeweise exotische Gewürze nach Europa brachten. Praktischerweise hat sich jedoch etwas verändert – das meiste gibt´s inzwischen im Asialaden um die Ecke. Zumindest in den großen Städten.

Zutaten für 4 Personen

½ weiße Zwiebel
100 g Champignons
50 g Butter
2 Lorbeerblätter
3 Zweige Estragon
3 Zweige Thymian
1 ½ EL eingelegter grüner Pfeffer samt Fond aus der Dose (Pimenta Verde), zusätzlich 1 EL Pfefferfond
Salz
1 TL Dijonsenf
100 ml Weißwein
400 ml Geflügelfond
200 g Sahne
1 EL Crème fraîche

PFEFFER-ESTRAGON-SCHAUM

Zubereitung

Die Zwiebel längs in Scheiben schneiden. Die Champignons in etwa ½ cm dicke Scheiben schneiden.

Butter in einem Topf bei leichter Hitze zerlassen und die Zwiebeln, Champignons, Lorbeerblätter, Estragon, Thymian und den grünen Pfeffer samt Fond anschwitzen – das Gemüse soll keine Farbe annehmen. Leicht salzen und den Pfefferfond dazugeben. Mit Dijonsenf kurz angehen lassen und mit Weißwein ablöschen. Den Wein vollständig reduzieren. Dann den Geflügelfond angießen und die Flüssigkeit bis auf die Hälfte reduzieren. Die Sahne hinzufügen, einmal aufkochen lassen. Alles durch ein Sieb passieren und mit Salz abschmecken. Die Crème fraîche unterrühren und die Sauce mit dem Stabmixer aufschäumen.

Den nicht verwendeten Schaum kann man einfrieren.

GOJIBEEREN

Kürzlich haben Wissenschaftler der roten, länglichen Gojibeere (Wolfsbeere) aus China attestiert, eine der nährstoffreichsten Früchte der Welt zu sein. Die vitamin- und mineralienreichen Winzlinge sind echte Kraftpakete: Sie sollen mehr Vitamin C als Orangen enthalten, mehr Eisen als Steaks und mehr Betacarotin als Karotten. In der Traditionellen Chinesischen Medizin werden sie seit jeher als Elixier für mehr Lebenskraft verordnet, aber auch gegen Bluthochdruck und bei Augenproblemen. Als Wundermittel gegen Falten und andere Widrigkeiten des Alters schwören inzwischen Hollywood-Promis wie Madonna, Mick Jagger und Kate Moss auf die ihretwegen als „Gucci-Beere" verspottete Frucht. Mir gefällt vor allem der fruchtige, dezent süßliche Geschmack. Erwarten Sie jedoch nicht zu viel von der kleinen Beere – zumindest bei Mick Jagger scheint das mit der Faltenglättung ja nicht hinzuhauen …

Zutaten für 4 Personen
2 rote Paprikaschoten
30 g Gojibeeren (aus dem Reformhaus oder Asialaden; siehe Infokasten)
1 EL Teriyakisauce
1 EL Ingwersirup
1 EL süße Chilisauce
1 EL Sushi-Reisessig (Kokumotsu)
scharfe Chilisauce (Sriracha)
1 Knoblauchzehe
2 Kaffirlimettenblätter
1 frische rote Chilischote
weiße Sesamsaat
schwarzer Kreuzkümmel
Zitronenöl

SÜSSSAURE WOLFSBEERENSAUCE

Passt wunderbar zu gebratenem asiatischen Pfannengemüse, gebratenen Scampi oder Hühnerbrust.

Zubereitung

Die Paprikaschoten waschen, in den Entsafter geben und den Saft in einem Topf auffangen. Gojibeeren hineingeben, mit Teriyakisauce, Ingwersirup, süßer Chilisauce, Sushi-Reisessig und 1 Tropfen scharfer Chilisauce würzen. Die Knoblauchzehe abziehen und durch einen Schlag mit dem Handballen grob zerdrücken. Kaffirlimettenblätter klein zupfen und beides dazugeben. Die Chilischote im Ganzen hinzufügen, außerdem 1 Prise Sesamsaat und 1 Prise schwarzen Kreuzkümmel. Alles bei mittlerer Hitze einmal aufkochen und dann abkühlen lassen. Vor dem Servieren etwas Zitronenöl über die Sauce träufeln.

GERÄUCHERTER AUBERGINENFOND MIT SCHWARZEM KARDAMOM

Der Auberginenfond passt zum Beispiel hervorragend zu Lamm.

Zubereitung

Mit einem Schaschlikspieß oder einer Gabel mehrmals rundherum in die Aubergine stechen und sie dann direkt in die Flamme eines Gasherds legen – so lange, bis die Haut rundherum schwarz ist. (Wer keinen Gasherd hat, legt die Aubergine etwa 15 Minuten in den auf 200 Grad vorgeheizten Backofen.) Die Zwiebel abziehen und den Wurzelansatz keilförmig entfernen. Die Zwiebel in feine Scheiben schneiden. Die ungeschälten Knoblauchzehen durch einen kurzen, aber kräftigen Schlag mit dem Handballen zerdrücken.

Sobald die Aubergine außen verbrannt ist, die Haut abschälen – ein paar schwarze Hautreste dürfen aber dranbleiben, sie sorgen für einen wunderbaren Räuchergeschmack. Die geschälte Aubergine halbieren, der Länge nach vierteln und in grobe Stücke schneiden.

Das Olivenöl in einer Pfanne mit hohem Rand erhitzen und bei leichter Hitze die Zwiebeln und den Knoblauch zusammen mit dem Lorbeerblatt sowie den Thymian- und Rosmarinzweigen anschwitzen. Die Auberginenstücke in die Pfanne geben, Kardamom und grob gezupftes Basilikum ebenfalls und alles leicht salzen. Die Tomaten aus der Dose (zusammen mit ihrer Flüssigkeit) und die Worcestersauce einrühren, die leere Tomatendose mit kaltem Wasser füllen und dieses ebenfalls hinzufügen. Alles gut vermischen und bei leichter Hitze 15 Minuten köcheln lassen. Anschließend den Fond durch ein Sieb passieren und dann mit Salz und Pfeffer abschmecken. Das Olivenöl und gezupfte Kräuter nach Geschmack unterrühren. Sollte der Fond zu dickflüssig sein, mit etwas Geflügelfond verdünnen.

Zutaten für 4 Personen

1 Aubergine
1 rote Zwiebel
4 Knoblauchzehen
2 EL Olivenöl
1 Lorbeerblatt
10 Zweige Thymian
1 Zweig Rosmarin
3 schwarze Kardamomkapseln
1 Handvoll Basilikum
1 Dose geschälte Tomaten (400 g)
1 EL Worcestersauce
Salz und Pfeffer aus der Mühle

Zum Anrichten:

1 EL Olivenöl, Kräuter nach Geschmack
(Basilikum, Thymian, Rosmarin)
ggf. Geflügelfond

ZITRONENGRAS-LIMETTEN-FOND

Zutaten für 4 Personen
10 Stängel Zitronengras
1 weiße Zwiebel
50 g Ingwer
4 Loomi (getrocknete Limetten)
3 EL Pflanzenöl
Sesamöl
10 Zweige Zitronenthymian
5 Kaffirlimettenblätter
Salz
300 ml Weißwein
Wasser
2 Päckchen Dashi (aus dem Asialaden; siehe Infokasten)
1 EL Fischsauce

Zum Anrichten:
1 EL Zitronenöl

Der Fond ist eine schöne Basis für verschiedene Gerichte: Man kann Gemüse anschwitzen und darin garen, gewürzte Hühnerfiletstücke oder Pangasius leicht köchelnd darin ziehen lassen oder den Fond ganz schlicht mit frischen Sprossen servieren.

Zubereitung

Das Zitronengras in feine Stücke schneiden. Die Zwiebel abziehen, halbieren und den Wurzelansatz entfernen. Die Zwiebel in feine Streifen schneiden. Den Ingwer samt Schale grob zerkleinern. Die Loomi durch einen beherzten Schlag mit dem Handballen grob zerdrücken.

Das Pflanzenöl mit 2 Tropfen Sesamöl (vorsichtig dosieren, Sesamöl wirkt leicht penetrant!) in einem Topf erhitzen und bei mittlerer Hitze Zitronengras, Zwiebel, Ingwer, Zitronenthymian, gezupfte Kaffirlimettenblätter und Loomi anschwitzen. Leicht salzen. Mit Weißwein ablöschen und den Wein vollständig einkochen lassen. Anschließend so viel kaltes Wasser angießen, dass alles leicht bedeckt ist. Einmal aufkochen und dann bei reduzierter Hitze 10 Minuten köcheln lassen. Mit Dashi und Fischsauce abschmecken. Damit die Gewürze ihren Geschmack entfalten können, etwa 30 Minuten lang ziehen lassen. Dann durch ein Haarnetz oder ein Tuch fein passieren.

Ich finde, der Fond wirkt besonders gut, wenn ein paar „ehrliche" Fettaugen darauf schwimmen: dafür einfach das Zitronenöl einrühren. Dann Gemüse oder Fleisch auf dem Teller anrichten und leicht mit dem Fond überziehen, aber nicht darin ertränken.

DASHI

In der japanischen Kultur ist Dashi ein Fond, auf dem seit Jahrhunderten viele Gerichte basieren. Da Dashi den Geschmack anderer Zutaten verstärkt und verschiedene Aromen miteinander in Einklang zu bringen vermag, gilt es als Herz der japanischen Küche. Die Zubereitung des echten Dashi – im Gegensatz zum Dashipulver, das bei uns verkauft wird – ist ein beinahe wissenschaftliches und würdevolles Ritual: Dabei werden getrockneter Seetang, getrocknete Bonitoflocken, getrockneter Fisch und getrocknete Shiitake nur kurz erhitzt, um die jeweilige Essenz der Aromen nicht zu zerstören. Der markanteste Geschmack in Dashi lässt sich nicht mit süß, salzig, bitter oder sauer beschreiben, es handelt sich dabei um „umami" – so nennt man die fünfte Geschmacksrichtung. „Umami" wurde 1908 von einem japanischen Forscher im Dashi identifiziert. Aber auch wir kennen diesen Geschmack, der im Deutschen als „herzhaft" bezeichnet wird – Ketchup, Sojasauce, Parmesan, Pilze und sogar Muttermilch beispielsweise enthalten Substanzen mit einem hohen Anteil an „umami".

FLEISCH & GEFLÜGEL

Bei Fleischgerichten lautet ein ganz einfaches Erfolgsrezept: Gute Fleischqualität macht einen enormen Unterschied. Exzellentes Fleisch enthält wenig Wasser, ist gut abgehangen. Das dauert. Und hat daher beim Metzger natürlich seinen Preis. Doch sparen sollte man eher an der Menge – lieber weniger Fleisch essen, dafür aber solches von guter Qualität.

TEMPURA-LEMON-CHICKEN

Zubereitung

Die beiden Mehlsorten mit Salz, Fischsauce, Wasabipulver sowie 1 Tropfen Sesamöl und 2 Tropfen Tabascosauce zu einem glatten Teig verrühren. Von der Zitrone die Schale in feinen Zesten abreißen und dazugeben. Dann so viel Mineralwasser einlaufen lassen, bis der Teig die Konsistenz von einem dicklichen Pfannkuchenteig hat. Sorgfältig sämtliche Mehlklümpchen aus dem Teig rühren und diesen dann durch ein Sieb passieren.
Den Teig in den Kühlschrank stellen, bis Huhn und Gemüse darin geschwenkt werden.

Die Shiitake ungewaschen halbieren. Die Hähnchenbrust in mundgerechte Streifen von etwa 5 cm Länge schneiden. Die Zwiebeln abziehen, halbieren und den Wurzelansatz keilförmig entfernen. Die Zwiebeln mit den Fingern in grobe Stücke zerpflücken. Die Frühlingszwiebeln waschen, putzen, den Wurzelansatz entfernen und den Rest in etwa 1 cm große Stücke schneiden.

Pilze, Zwiebeln und Hähnchenbruststreifen mit den Korianderblättern in einer Schüssel vermischen und leicht salzen.

Das Pflanzenöl in eine Fritteuse (Menge laut Bedienungsanleitung) oder einen Wok geben und auf 180 Grad aufheizen.

Den Tempurateig aus dem Kühlschrank nehmen und noch einmal gut durchrühren. Den Eiswürfel hinzufügen, um zu verhindern, dass der Teig warm wird. Die Pilz-Zwiebel-Huhn-Mischung in den Teig geben und kurz darin schwenken – die einzelnen Gemüse- und Fleischstücke sollen gut mit Teig bedeckt sein.

Gemüse- und Fleischstücke mit einem Schaumlöffel aus dem Teig nehmen und im heißen Fett der Fritteuse oder des Woks 4 bis 5 Minuten ausbraten. Anschließend herausnehmen und zum Abtropfen auf Küchenpapier geben. Auf einem Teller mit Korianderblättern anrichten und dazu Wasabi-Mayo-Dip servieren.

Zutaten für 4 Personen

Für den Tempurateig:
100 g Kichererbsenmehl
100 g Tempuramehl
1 TL Salz
1 TL Fischsauce
1 TL Wasabipulver
Sesamöl
rote Tabascosauce
1 Zitrone
Mineralwasser, eisgekühlt (siehe Infokasten)
1 Eiswürfel

Für das Huhn:
8 Shiitake
200 g Hähnchenbrust
2 rote Zwiebeln
2 Frühlingszwiebeln
1 Handvoll Korianderblätter
Salz
Pflanzenöl

Zum Anrichten:
Korianderblätter
Wasabi-Mayo-Dip (siehe Seite 98)

INFO

Tempurateig sollte vor dem Frittieren auf keinen Fall warm werden. Kalter Teig haftet besser an den Hähnchen- und Gemüsestreifen und wird im Wok schön knusprig ausgebacken. Ist der Teig warm, gerät die Panade zu labberig. Deshalb wird der Teig mit eiskaltem Mineralwasser angerührt und mit einem Eiswürfel gekühlt.

CHICKEN WINGS ORIENTALISCH

Chicken Wings sind das ideale Fingerfood für eine Party. Sie sind ganz einfach und blitzschnell zubereitet. Und durch die scharf-süßliche Marinade sind sie ein Geschmackshit.

Zutaten für 4 Personen
1,5 kg Hühnerflügel
1 EL Shane´s Oriental Gewürzmischung
1 TL Tandooripulver
2 EL Carotino-Öl
4 Knoblauchzehen
2 rote Zwiebeln
2 frische rote Chilischoten
1 EL Murray-River-Salzflakes
1 EL Ingwersirup
2 EL Teriyakisauce

Zum Anrichten:
Thaibasilikum, Rucola oder frische Sojasprossen

Zubereitung

Die Hühnerflügel waschen, trocken tupfen und zum Marinieren in eine Schüssel geben. Shane´s Oriental Gewürzmischung und Tandooripulver über das Fleisch streuen, das Carotino-Öl darüberträufeln.

Die Knoblauchzehen abziehen und mit dem Handballen kurz und kräftig daraufschlagen, um sie grob zu zerteilen. Die Zwiebeln abziehen, halbieren, den Wurzelansatz keilförmig herausschneiden und die Zwiebelhälften vierteln. Nun lassen sich die einzelnen Zwiebelschichten ganz leicht Stück für Stück lösen. Die Chilischoten in der Mitte durchbrechen. Knoblauch, Zwiebelstücke und die zerteilten Chilischoten zum Fleisch geben.

Die Hühnerflügel mit Murray-River-Salzflakes würzen und den Ingwersirup hinzufügen.

Nun alles gut vermischen – am besten mit den Händen. Ruhig kraftvoll sämtliche Gewürze zerdrücken und untermengen, die Hühnerflügel halten das schon aus.

Die marinierten Hühnerflügel etwa eine Viertelstunde bei Zimmertemperatur ruhen lassen, damit das Fleisch die Aromen der Gewürze aufnimmt.

In der Zwischenzeit den Ofen auf 185 Grad vorheizen. Das Fleisch mit der Marinade auf einem Backblech verteilen und 25 Minuten im Ofen garen.

Anschließend die Hühnerflügel mit Teriyakisauce einreiben – das verleiht dem Fleisch einen schönen Glanz – und anrichten. Mit Thaibasilikum oder Rucola garnieren. Wer mag, kann auch eine Handvoll Sojasprossen über das heiße Fleisch verteilen – die Hitze reicht aus, um die Sprossen ganz leicht zu garen.

SHANES BURGER

Zutaten für 4 Personen

Für Shanes Burgersauce:
2 weiße Zwiebeln
3 Knoblauchzehen
2 TL Salz
3 TL Zucker
½ TL Pfeffer aus der Mühle
½ TL edelsüßes Paprikapulver
¼ TL rote Tabascosauce
5 TL Senfpulver
5 EL Tomatensauce (Passata aus dem Glas)
4 EL Worcestersauce
100 ml Champagneressig
200 ml Pflanzenöl

Für die Burger:
500 g Rinderhack
2 TL Murray-River-Salzflocken
oder ½ TL normales Salz
Five-Spice-Pulver (aus dem Asialaden)
1 Ei
1 TL Pommeryserf
1 TL Meerrettich aus dem Glas
scharfe Chilisauce
Dayong-Gewürzmischung (aus dem Asialaden)
2 EL Milch
30 g Panko (siehe Infokasten auf Seite 98)
1 EL koreanische Barbecuesauce
(aus dem Asialaden)
1 rote oder weiße Zwiebel
2 EL Pflanzenöl
50 g Butter
1 Zweig Rosmarin

Zum Anrichten:
4 Burger-Brötchen, 1 Tomate
4 Blätter Kopfsalat, 2 Essiggurken

Vielleicht liegt es an meiner angelsächsischen Herkunft, aber einen Burger esse ich am liebsten English Style. Das bedeutet: Das Fleisch ist in der Mitte nicht ganz durchgebraten, sondern schön rosa. Bei einem reinen Rindfleischburger ist das auch völlig unbedenklich.

Zubereitung

Für die Burgersauce die Zwiebeln und Knoblauchzehen abziehen, halbieren, von den Zwiebeln die Wurzelansätze entfernen und den Rest fein hacken. In einem Topf mit den übrigen Zutaten verrühren und bei leichter Hitze erwärmen. Wichtig: Die Sauce soll nicht kochen! Anschließend mit einem Handrührgerät so lange verquirlen, bis die Sauce schön sämig ist.

Für die Burger das Rinderhack mit Murray-River-Salzflocken, 1 Prise Five-Spice-Pulver, dem Ei, Pommerysenf, Meerrettich, 1 Tropfen scharfer Chilisauce, 1 Messerspitze Dayong-Gewürzmischung, Milch, Panko und Barbecuesauce vermengen. Die Masse zu einer Kugel kneten und diese vierteln. Daraus 4 Burger formen. Die Zwiebel abziehen, halbieren und den Wurzelansatz entfernen. Den Rest in feine Scheiben schneiden.

Das Pflanzenöl in einer Pfanne erhitzen und die Burger auf beiden Seiten bei mittlerer Hitze anbraten. Wichtig ist, die Burger nicht zu früh zu wenden, sondern erst nach etwa 4 Minuten, wenn sich eine schöne braune Kruste auf der Unterseite gebildet hat. Nach dem Wenden des Burgers Butter, Rosmarin und die Zwiebelscheiben mit in die Pfanne geben. Auch die andere Seite der Burger etwa 4 Minuten anbraten. Währenddessen das Fleisch ständig mit der Butter-Öl-Mischung aus der Pfanne beträufeln. Auf diese Weise werden die Burger saftiger und garen gleichmäßiger durch. Die Burger sind fertig, wenn auch die zweite Seite knusprig braun angebraten ist – das Fleisch in der Mitte ist allerdings noch rosa. Wer das Fleisch lieber durch mag, heizt den Ofen auf 185 Grad vor und lässt die angebratenen Burger darin noch etwa 8 Minuten durchgaren.

Kurz vor dem Servieren die Brötchen halbieren und etwas Burgersauce darauf verteilen. Mit je einem Burger, noch etwas Sauce, angebratenen Zwiebeln, in Scheiben geschnittener Tomate, einem Salatblatt und einer halben Essiggurke anrichten.

> **TIPP**
> Wer mag, kann auch gehackte Petersilie oder fein geschnittenes Koriandergrün unter das Fleisch mischen. Mir schmeckt es ohne besser.
> In Gläser mit Schraubverschluss abgefüllt, lässt sich Shanes Burgersauce gut im Kühlschrank aufbewahren. Sie schmeckt nicht nur zu Burgern, sondern ist auch eine fantastische Marinade für Grillfleisch und Spareribs.

OCHSENBACKERL MIT RADICCHIO TREVISANO UND SELLERIEPÜREE

Lassen Sie sich nicht von der Länge dieses Rezept abschrecken. Die Zubereitung dauert 4 bis 5 Stunden. Doch es lohnt sich! Allein das Fleisch ist ein Traum: Durch das lange Schmoren ist es butterzart, voller Saft – bereit für eine hervorragende Rotweinsauce.

Zutaten für 6 – 8 Personen
Für die Ochsenbackerl:
2 mittelgroße Karotten
¼ Knollensellerie
5 kleine rote Zwiebeln
4 Knoblauchzehen
2 Tomaten
1 Stange Lauch
1 Bund Thymian
5 Zweige Rosmarin
3 Ochsenbackerl (Ochsenbäckchen) à etwa 650 g
weißer Pfeffer aus der Mühle
Salz
Mehl
3 EL Pflanzenöl
1 EL Tomatenmark
1 TL weiße Pfefferkörner
1 TL Wacholderbeeren
1 TL Piment
1 l Rotwein
2 l kaltes Wasser

Zubereitung

Die Karotten und den Knollensellerie schälen und in grobe, gleich große Stücke schneiden. Die Zwiebeln in grobe Stücke schneiden. Die Knoblauchzehen mit einem beherzten Schlag mit dem Handballen zerdrücken. Die Tomaten waschen, trocken tupfen und vierteln. Den Lauch waschen, putzen, die grünen Blätter entfernen. Den weißen Teil der Lauchstange in Stücke schneiden. Die Thymianblätter abzupfen, die Rosmarinzweige einmal durchbrechen.

Die Ochsenbackerl gut abwaschen und trocken tupfen. Anschließend das Fett wegschneiden. Auf beiden Seiten gut pfeffern, salzen und leicht mit Mehl bestäuben. In einer beschichteten Pfanne mit hohem Rand 2 EL Pflanzenöl erhitzen und die Backerl bei starker Hitze rundherum anbraten. Sobald alle Seiten leicht gebräunt sind, die Ochsenbackerl aus der Pfanne nehmen, die Hitze reduzieren und in der Pfanne Zwiebeln, Karotten, Sellerie und Tomaten mit 1 EL Pflanzenöl, den zerdrückten Knoblauchzehen und Tomatenmark bei leichter Hitze anrösten. Anschließend die Kräuter und die Lauchstücke dazugeben und mit den weißen Pfefferkörnern, Wacholderbeeren und dem Piment würzen. Mit einem Glas Rotwein ablöschen, etwa 10 Minuten einkochen lassen und dann ein weiteres Glas Rotwein dazugeben und nochmals einkochen lassen. Diesen Vorgang wiederholen, bis 1 Liter Wein in der Sauce ist, die dadurch eine warme rote Farbe und einen Geschmack mit viel Tiefgang bekommt. Anschließend bei leichter Hitze etwa 25 Minuten lang köcheln lassen.

Danach die Backerl in die Pfanne geben und kaltes Wasser einrühren. Bei geschlossenem Deckel und mittlerer Hitze alles einmal aufkochen lassen. Anschließend die Hitze reduzieren und 2 ½ bis 3 Stunden lang schmoren.

Für die Rotweinjus:
3 Selleriestangen
5 rote Zwiebeln
1 Knoblauchzehe
50 g Butter
5 Körner Piment
2 Zweige Rosmarin
5 – 6 Zweige Thymian
250 ml Rotwein
250 ml Madeira
ggf. Wasser und Speisestärke zum Binden

Für das Selleriepüree:
1 ½ kg Knollensellerie
1 weiße Zwiebel
90 g Butter
Salz
150 ml Weißwein
Wasser
100 g Sahne

In der Zwischenzeit für die Rotweinjus die Selleriestangen in Stücke schneiden. Die Zwiebeln abziehen und fein würfeln. Die Knoblauchzehe mit dem Handballen kurz und kräftig zerdrücken. Um zu prüfen, ob die Ochsenbackerl fertig geschmort sind, mit einer Fleischgabel hineinstechen und wieder herausziehen. Löst sich das Fleisch leicht von der Gabel, sind die Backerl perfekt. Die Backerlsauce durch ein Sieb passieren.

In einem Topf die Butter zerlassen und Sellerie, Zwiebeln und Knoblauch mit dem Piment und den Kräutern anschwitzen. Dann mit Rotwein und Madeira ablöschen. Den Wein einkochen lassen, bis das Gemüse leicht karamellisiert ist. Die passierte Backerlsauce angießen und bei mittlerer Hitze um die Hälfte einkochen lassen. Die Rotweinjus nochmals fein passieren und bei Bedarf binden – mit einer Mischung aus einem Teil Wasser und einem Teil Speisestärke.

Für das Selleriepüree die Sellerieknollen halbieren, schälen, alle schwarzen Flecken entfernen – sie sind dem Geschmack und der schönen schneeweißen Farbe des Pürees abträglich – und in grobe, gleich große Stücke schneiden. Die Zwiebel abziehen und in Scheiben schneiden.

In einem großen Topf – wichtig ist ein großes Volumen, damit der Sellerie nicht übereinander gestapelt werden muss und schön gleichmäßig garen kann – 60 g Butter bei leichter Hitze zerlassen und die Zwiebeln glasig anschwitzen. Anschließend die Selleriestücke mit angehen lassen und alles leicht salzen. Mit Weißwein ablöschen und diesen vollständig einkochen lassen. Danach so viel Wasser hinzufügen, dass das Gemüse leicht bedeckt ist. Mit 1 TL Salz würzen. Einen Backpapierdeckel (siehe Seite 61) direkt aufs Gemüse legen und bei mittlerer Hitze so lange garen, bis etwa zwei Drittel der Flüssigkeit verkocht sind. Dann die Sahne einrühren und einmal aufkochen lassen. Die restliche Butter braun werden lassen und dazugeben. Wenn der Sellerie nach etwa 20 Minuten

weich ist, die Masse in der Küchenmaschine fein pürieren. Dabei anfangs vor allem Selleriestücke in die Küchenmaschine geben und mit Flüssigkeit (Selleriefond) sparen, damit das Püree nicht zu dünnflüssig wird. Bei Bedarf später noch etwas Fond hinzugeben.

Den Radicchio Trevisano waschen, vierteln, Wurzelansatz entfernen und den Salat in grobe Stücke schneiden. Diese 20 Minuten lang in warmes Wasser legen. Anschließend den Radicchio in ein Sieb abgießen und trocken schütteln. Zucker in einem großen Topf bei leichter Hitze karamellisieren lassen und den Radicchio darin angehen lassen. Mit Aceto Balsamico ablöschen und komplett reduzieren. 300 ml Rotweinjus angießen und alles einmal aufkochen lassen. Mit Salz und Pfeffer würzen.

Die Backerl mit Rotweinjus nappieren und mit Selleriepüree – wer mag, kann das Püree noch mit Trüffelöl beträufeln – und Radicchio Trevisano servieren. Dazu passt auch Pfeffer-Estragon-Schaum (siehe Seite 66).

Für Radicchio Trevisano:
2 Köpfe Radicchio
80 g Zucker
100 ml Aceto Balsamico
300 ml Rotweinjus
Salz und Pfeffer aus der Mühle

Zum Anrichten:
1 EL Trüffelöl

CHILI CON CARNE MIT KAKAO UND COLA

Zutaten für 6 Personen

600 g weiße Zwiebeln
150 ml Pure West African Palm Oil (aus dem Asialaden) oder 4 EL Pflanzenöl
1,2 kg Rinderhack von der Rinderbrust (den Metzger bitten, es grob durch den Fleischwolf zu drehen)
1 TL Salz
10 frische rote Chilischoten
2 gehäufte EL Kakaopulver
½ EL Five Spice Powder (chinesische Fünf-Gewürze-Mischung aus dem Asialaden)
1 EL Chili-con-Carne-Gewürz
500 ml Cola
500 ml Rinderfond
1 TL scharfe Chilisauce
2 EL Yakiniku-No-Tare-Sauce (japanische Barbecue-Sauce aus dem Asialaden)
500 g Chilibohnen aus der Dose
1 TL Dayong-Gewürzmischung (aus dem Asialaden)

Zum Anrichten:

einige Zweige Koriander
Schmand
Kartoffelbrot (siehe Seite 36) oder Baguette

Als ich dieses Chili zum ersten Mal für Freunde gekocht habe, dachten sie zuerst, nun sei ich völlig durchgeknallt. Chili con Carne mit Kakao und Cola – damit sei mir höchstens ein Job in der Kindergartenkantine sicher, lästerten manche. Probiert haben sie es trotzdem und waren hin und weg: Der dezent süßliche Geschmack verpasst dem würzigen Fleisch einen schönen Kick. Inzwischen ist dies mein persönlicher Geburtstagspartyklassiker. Am besten sollte das Chili bereits am Vortag gekocht werden, damit die vielfältigen Aromen gut durchziehen können. Und außerdem will ich am Geburtstag nicht die ganze Zeit am Herd stehen, sondern mich auch ordentlich feiern lassen.

Zubereitung

Die Zwiebeln abziehen, halbieren und den Wurzelansatz entfernen. Die Zwiebeln in schmale Streifen schneiden. Palm Oil oder Pflanzenöl in einem größeren Topf erhitzen. Das Rinderhack bei großer Hitze scharf anbraten und salzen. Die Chilischoten im Ganzen mitbraten – auch unzerteilt geben sie noch ausreichend Schärfe ab, und zwar genau die richtige Menge. Das Rinderhack mit dem Schneebesen grob zerteilen. Sobald das Fleisch angebraten ist, die Zwiebeln dazugeben, mit Kakaopulver, Five Spice Powder und Chili-con-Carne-Gewürz bestreuen und anschwitzen.

Anschließend die Cola angießen und alles langsam bei leichter Hitze um die Hälfte einkochen lassen. Wenn die Cola reduziert ist, den Rinderfond einrühren. Mit Salz, scharfer Chilisauce und Yakiniku-No-Tare-Sauce würzen. Etwa 30 Minuten köcheln lassen. In der Zwischenzeit die Chilibohnen in ein Sieb schütten, mit kaltem Wasser durchspülen und abtropfen lassen. Die Chilibohnen mit der Dayong-Gewürzmischung 5 Minuten vor Ende der Kochzeit in den Topf geben.

Als Mitternachtssnack oder auf einer Party muss Chili con Carne nicht aufwendig serviert werden: einfach auf dem Herd im Topf lassen, aus dem sich jeder selbst bedienen kann. Korianderblätter vom Stiel zupfen und in einer separaten Schale reichen, den Schmand ebenso. Dazu passen Kartoffelbrot oder Baguette.

ROASTBEEF MIT ROSMARINKARTOFFELN UND STEIRISCHER KERNÖLMARINADE

Wer Gäste mal so richtig verwöhnen will, bereitet ihnen ein edles Roastbeef zu. Das Fleisch ist innen noch schön rosa, Rosmarinkartoffeln und Kernölmarinade sind dazu eine Traumkombination. Und so sehr ich Wein liebe, zu diesem Gericht passt Bier einfach am besten.

Zutaten für 12 – 15 Personen

Für das Roastbeef:
2 kg Roastbeef
Pfeffer und Meersalz aus der Mühle
3 EL Olivenöl
5 Knoblauchzehen
5 Zweige Rosmarin
5 Zweige Thymian

Für die Steirische Kernölmarinade:
500 g rote Zwiebeln
50 g Kapern
2 EL Kapernsaft aus dem Glas
50 g Meerrettich aus dem Glas
100 ml Aceto Balsamico
2 gehäufte EL Pommerysenf
1 EL Murray-River-Salzflocken
150 ml Steirisches Kürbiskernöl
Salz und weißer Pfeffer aus der Mühle

Für die Rosmarinkartoffeln:
10 große Kartoffeln
Olivenöl
1 Knoblauchknolle
10 Zweige Rosmarin
Salz

> **TIPP**
>
> Dieses Gericht ist der Renner auf jeder Party. Sollte trotzdem etwas übrig bleiben, können das aufgeschnittene Roastbeef und die Kernölmarinade gut ein paar Tage im Kühlschrank aufbewahrt werden. Übereinandergeschichtet – eine Schicht Kernölmarinade, darauf eine Schicht Fleisch und so weiter – können die Aromen richtig schön durchziehen.

Zubereitung

Den Ofen auf 80 Grad vorheizen. Vom Roastbeef kein Fett abschneiden, weil sonst der Eigengeschmack des Fetts verloren gehen würde. Außerdem ist so für das Anbraten des Fleisches kein Öl nötig, weil genügend flüssiges Fett aus der Fettschicht austritt. Eine beschichtete Pfanne also ohne Öl erhitzen, das Roastbeef mit der Fettschicht nach unten hineinlegen und bei starker Hitze anbraten. Die Oberseite mit Pfeffer und Meersalz würzen. Das Fleisch erst wenden, wenn sich auf der Fettschicht eine goldbraune Kruste gebildet hat. Die Fettschicht pfeffern, salzen und mit Olivenöl einreiben. Mit dem Handballen kurz und kräftig auf die ungeschälten Knoblauchzehen schlagen, um sie grob zu zerdrücken. Knoblauch, Rosmarin- und Thymianzweige über das Fleisch verteilen. Wenn auch die zweite Seite goldbraun angebraten ist, das Fleisch mit dem gesamten Pfanneninhalt auf ein Backblech geben.

Das Roastbeef im 80 Grad heißen Ofen 2 ½ Stunden garen. Anschließend herausnehmen und 10 Minuten ruhen lassen. Praktisch ist, dass das Roastbeef bei 45 Grad noch stundenlang im Ofen warm gehalten werden kann, ohne auszutrocknen. Wer allerdings das Fleisch schon lange, bevor die Gäste kommen, zubereitet, gibt es zum Erwärmen etwa 7 Minuten in den auf 185 Grad vorgeheizten Ofen.

Für die Kernölmarinade die Zwiebeln abziehen, halbieren und den Wurzelansatz entfernen. Die Zwiebeln in feine Scheiben schneiden. Mit den anderen Zutaten vorsichtig vermischen und mit Salz und Pfeffer würzen.

Etwa 30 Minuten, bevor die Gäste kommen, die Rosmarinkartoffeln zubereiten: Den Ofen auf 185 Grad vorheizen. Die Kartoffeln gut waschen, trocken tupfen, halbieren und ungeschält in Spalten schneiden. Die Kartoffelspalten mit reichlich Olivenöl marinieren. Die Knoblauchknolle quer halbieren. Kartoffeln und Knoblauch auf ein geöltes Backblech geben und 15 bis 20 Minuten im Ofen backen. Rosmarin von den Zweigen zupfen und 5 Minuten vor Ende der Garzeit über die Kartoffelspalten streuen. Wenn die Kartoffeln gar sind, aus dem Ofen nehmen und salzen.

TIPP

Größere Fleischbrocken im Ragout sollten Sie vermeiden. Es gibt einen Trick, den mir vor Jahren mein Kollege Robbie aus Südtirol im Sternerestaurant „Königshof" verraten hat: Ein Ragout oder auch Hackfleisch lässt sich am besten mithilfe eines Schneebesens zerpflücken.

Zutaten für 10 – 12 Personen

500 g Mehl
4 Eier
1 Eigelb
½ EL Salz
6 EL Olivenöl
1 kg Salsicce (als Wurst oder Brät)
250 g weiße Zwiebeln
2 Knoblauchzehen
1 frische rote Chilischote
2 Zweige Thymian
1 EL Tomatenmark
400 g zerkleinerte Tomaten aus der Dose
½ Zitrone
½ Orange
100 g frisch geriebener Parmesan
½ Bund Petersilie
Butter

Zum Anrichten:
2 – 4 Zweige Zitronenthymian
Schmortomaten (siehe Seite 52)

NUDELROLLE MIT SALSICCIA-RAGOUT

Salsicca ist eine pikant gewürzte italienische Wurst, ähnlich der groben Brat- oder Mettwurst in Deutschland. Jede Region in Italien hat traditionell ihre eigene Rezeptur. Aus Salsiccia wird auch Ragout zubereitet. Ihm verpasse ich einen frischen, leicht süßlichen Kick. Salsiccia-Ragout ist übrigens nicht nur eine tolle Füllung für eine Nudelrolle, sondern passt auch zu Kartoffelgnocchi und Pasta jeder Art.

Zubereitung

Zunächst den Teig für die Nudelrolle vorbereiten: Mehl, Eier, Eigelb, Salz und Olivenöl zu einem festen Teig verkneten. Den Teig in Klarsichtfolie wickeln und etwa 1 Stunde im Kühlschrank ruhen lassen.

Die italienische Salsiccia gibt es bei uns zumeist als Wurst. Für dieses Gericht wird allerdings nur deren Füllung gebraucht. Deshalb die Wurstpelle aufschneiden, mit einer Gabel das Brät herausdrücken und grob zerpflücken. Die Zwiebeln abziehen, halbieren und den Wurzelansatz entfernen. Die Zwiebeln in feine Scheiben schneiden. Die Knoblauchzehen abziehen und mit dem Handballen kurz und kräftig daraufschlagen, um sie zu zerdrücken.

Das restliche Olivenöl in einer Pfanne mit hohem Rand erhitzen und das Salsicciabrät bei mittlerer Hitze anbraten. Mit einem Schneebesen zerkleinern. Zwiebeln, Knoblauch, die ganze Chilischote, Thymianzweige und Tomatenmark mit in die Pfanne geben und alles etwa 10 Minuten anschwitzen. Anschließend die Tomaten hinzufügen, die leere Dose mit kaltem Wasser auffüllen und dieses ebenfalls unterrühren. Die Hitze reduzieren und alles etwa 30 Minuten köcheln lassen.

Von Zitrone und Orange die Schale in feinen Zesten abreißen und über das Ragout streuen. Das Ragout gut abkühlen lassen.

Mit einer Nudelmaschine den Teig zu 1,5 cm dicken Blättern von je 40 cm Länge ausrollen. Die Blätter für etwa 10 Sekunden in kochendes Salwasser geben, herausnehmen und trocken tupfen. Mit dem Parmesan bestreuen und großflächig mit dem kalten Salsiccia-Ragout bestreichen. Die Petersilie hacken und darüber verteilen. Die Nudelplatten vorsichtig und kompakt aufrollen und fest in Klarsichtfolie einwickeln. 2 bis 3 Stunden lang im Kühlschrank ruhen lassen. Anschließend den Ofen auf 185 Grad vorheizen. Von den Rollen etwa 5 cm große Stücke (Medaillons) abschneiden und in eine feuerfeste Form setzen. Je einen Klecks Butter auf die Medaillons geben und 10 bis 12 Minuten backen. Die Nudelrollen mit Zitronenthymian garnieren und mit Schmortomaten servieren.

KALBSLEBER MIT APFEL-ZWIEBEL-PÜREE

Zutaten für 4 Personen

Für das Apfel-Zwiebel-Püree:
250 g weiße Zwiebeln
4 Äpfel: 2 Golden Delicious und 2 Granny Smith
80 g Butter
Salz
150 ml Weißwein

Für die Leber:
8 Scheiben Kalbsleber (vom Metzger etwa ½ cm dicke Scheiben aufschneiden lassen)
Mehl
1 rote Zwiebel
3 Zweige Majoran
50 g Butter
Salz und Pfeffer aus der Mühle
100 ml Aceto Balsamico
50 ml Rinderfond
1 Essiggurke
20 g kalte Butter
Salz

Zum Anrichten:
Majoranblätter

Zubereitung

Die Zwiebeln abziehen, halbieren und den Wurzelansatz keilförmig entfernen. Die Zwiebeln in grobe Stücke schneiden. Die Äpfel schälen, vierteln, entkernen und in feine Scheiben schneiden.

Die Butter bei mittlerer Hitze zerlassen und die Zwiebeln darin glasig anschwitzen. Dann die Äpfel dazugeben und alles mit 1 Prise Salz würzen. Mit dem Weißwein ablöschen und mit einem Backpapierdeckel (siehe Seite 61) abdecken. Die Hitze reduzieren. Die Apfel-Zwiebel-Mischung bei leichter Hitze etwa 30 Minuten köcheln lassen. Die Flüssigkeit ist dann so gut wie verkocht. Anschließend die Apfel-Zwiebel-Mischung in einer Moulinette oder einer Küchenmaschine mit Schneideeinsatz cremig pürieren.

Die Kalbsleber mit wenig Mehl bestäuben, aber nicht würzen – Leber wird immer erst nach dem Anbraten gewürzt, da sie sonst hart wird. Die Zwiebel abziehen, halbieren und den Wurzelansatz keilförmig entfernen. Die Zwiebel würfeln. Die Majoranblätter von den Zweigen abstreifen.

Die Butter in einer Pfanne zerlassen und bei mittlerer Hitze braun werden lassen. Die Leber darin beidseitig kurz anbraten, pro Seite nur etwa 3 Sekunden, dann herausnehmen. Die Leberscheiben in feine Streifen schneiden, leicht salzen und pfeffern.

In der Pfanne, in der die Leber angebraten worden ist, die Zwiebelwürfel anschwitzen. Mit Aceto Balsamico ablöschen, einmal aufkochen lassen. Die Hitze reduzieren und Rinderfond sowie Majoranblätter hinzufügen.

Die Essiggurke vierteln, entkernen, fein würfeln und in die Pfanne geben. Die kalte Butter in die Sauce einrühren und salzen. Die Leberstreifen hinzufügen, gut durchschwenken und alles einmal aufkochen lassen.

Jeweils einen Schöpflöffel Apfel-Zwiebel-Püree auf den Teller geben und mit dem Schöpflöffel eine Mulde in das Püree drücken. Die Leber in der Mulde anrichten und mit Majoranblättern bestreuen.

LAMMKARREE IN TANDOORIKRUSTE

Zutaten für 4 Personen

Für die Tandoorikruste:
10 Salbeiblätter
10 Zweige Thymian
250 g weiche Butter (30 Minuten vor dem Verarbeiten aus dem Kühlschrank nehmen)
3 Eigelb
2 TL Tandooripulver
1 TL rote Tabascosauce
1 EL Murray-River-Salzflocken
1 EL milde Tandooripaste aus dem Glas
½ Zitrone
100 g Panko (siehe Infokasten Seite 98)

Für das Lammkarree:
2 Lammkarrees (insgesamt etwa 1 kg)
Salz und Pfeffer aus der Mühle
2 EL Olivenöl
2 Knoblauchzehen
1 Zweig Rosmarin
1 Zweig Thymian

Zubereitung

Zunächst die Tandooributter vorbereiten, sie kann dann im Kühlschrank auf ihren Einsatz warten: Salbei und Thymian fein hacken. Butter und Eigelb mit einem Handmixer schaumig aufschlagen. Anschließend mit Tandooripulver, Tabascosauce, Murray-River-Salzflocken, Tandooripaste und den Kräutern würzen. Von der Zitrone die Schale in feinen Zesten abreißen und ebenfalls untermischen. Panko vorsichtig unterheben – die Brösel sollen nicht zerdrückt werden. Die Masse auf ein großes Stück Klarsichtfolie setzen und zu einer Wurst einrollen. Diese 2 bis 3 Stunden im Kühlschrank fest werden lassen.

Die Lammkarrees etwa 30 Minuten vor der Zubereitung aus dem Kühlschrank nehmen, damit sie Zimmertemperatur annehmen. Den Ofen auf 185 Grad vorheizen. Das Fett vom Fleisch wegschneiden. Leicht salzen und pfeffern.

In einer beschichteten Pfanne das Olivenöl erhitzen und die Lammkarrees bei großer Hitze beidseitig goldbraun anbraten. Das dauert pro Seite etwa 3 Minuten. Anschließend das Fleisch auf ein Backblech setzen. Die Knoblauchzehen durch einen kräftigen Schlag mit dem Handballen zerdrücken und dazugeben. Rosmarin- und Thymianzweige ebenfalls auf das Blech legen. Die Lammkarrees 8 Minuten im heißen Ofen garen, dann herausnehmen und 2 Minuten ruhen lassen.

Die gekühlte Tandooributter in etwa ½ cm dicke Scheiben schneiden und diese rundherum auf die Lammkarrees drücken. Das Fleisch noch einmal 6 Minuten in den Ofen geben. Dann vorsichtig und mit wenig Druck aufschneiden, damit der wunderbare Bratensaft im Fleisch bleibt und nicht herausläuft.

Perfekte Begleiter des Lammkarrees sind geräucherter Auberginenfond (siehe Seite 68) und Kartoffelgnocchi (siehe Seite 128): Einen Schöpflöffel voll Fond in einen Suppenteller geben, ein paar Gnocchi hinzufügen und das Lammkarree in den Fond setzen.

TIPP

Die würzige Tandooributter passt hervorragend zu Kalb, Lamm und Huhn. Damit lassen sich auch gut Miesmuscheln, Greenshell-Muscheln und Gemüsepfannen gratinieren.

DER MESSERSCHLEIFER

Von Shane´s Restaurant sind es nur zehn Minuten zu Fuß bis zur Messerschleiferei von Alexander Trapp. Etwas versteckt in einem Hinterhof arbeitet Trapp da, wo er gebraucht wird – mitten im Schlachthofviertel. Er ist einer der letzten seiner Art, in München gibt es nur einen weiteren Messerschleifer – und das in einer Millionenstadt! An den schweren Maschinen in Trapps kleiner Werkstatt klebt dick der Stahlstaub, er zeugt von viel und, wie man so sagt, ehrlicher Arbeit. Shanes Edelstahlküche, picobello blankgeputzt, scheint hier Lichtjahre entfernt. Doch das täuscht. Die Messer verbinden Küche und Werkstatt.

Dem gelernten Schneidwerkzeugmechaniker vertraut Shane sein Hochheiligstes an: sein Werkzeug. „Wenn Alexander meine Messer geschliffen hat, sind sie wie neu – schärfer geht´s nicht", schwärmt Shane. Das liegt vielleicht daran, dass Alexander Trapp das Schleifen von Messern und anderen Klingen im Blut liegt. Und zwar im wahrsten Sinne des Wortes: Sein Vater war Messerschleifer, sein Großvater auch. Und wie es aussieht, folgt auch Trapps 17-jähriger Sohn Marcel dieser Familientradition in Sachen Berufswahl: „Er hat das nötige Feingefühl und Interesse", sagt Trapp, der seit fast 40 Jahren an der Schleifmaschine steht. Eigentlich sogar noch viel länger: „Schon als Bub hab ich mich oft in die Werkstatt meines Opas geschlichen – verbotenerweise."

Ganz legal war dann die Lehre im elterlichen Betrieb in Grafing vor den Toren Münchens. Seinen persönlichen Feinschliff hat Trapp anschließend in Solingen bekommen, dem weltweit bekannten Zentrum der deutschen Messer- und Schneidwarenindustrie. „Auch heute arbeite ich nach Solinger Schleifart am Stein." Und mit Herzblut fügt er hinzu: „Messer sind keine toten Gegenstände. In Japan wird ein Messer für die Person geweiht, die es benutzt. Die Japaner sagen: Durch den Koch kommt Leben ins Messer."

KLEINE KLINGENKUNDE

Material: Klingen bestehen aus Stahl oder Keramik. Keramik ist teurer, hat eine langlebige Schneide und rostet natürlich nicht, kann aber schnell zu Bruch gehen. Profis raten zu Stahl. Am weitesten verbreitet sind Karbonstahl und Edelstahl. Karbon bleibt lange scharf, rostet allerdings. Und wenn man mit der Zunge an der Klinge entlangfährt, hinterlässt Karbon einen leichten Metallgeschmack. Das tut Edelstahl nicht. Er ist pflegeleichter und rostfrei. Es gibt auch Klingen, die aus verschiedenen Stahlsorten zusammengeschweißt sind. Rasierklingenscharfe japanische Messer zum Beispiel bestehen oft aus gefaltetem Damaststahl (Damaszenerstahl).

Schnitthaltigkeit: Dieser Begriff gibt an, wie lange ein Messer bei Gebrauch scharf bleibt.

Erl: Das ist die Verlängerung der Klinge im Griff. Gute Messer haben lange Erle, der Stahl durchzieht den kompletten Griff.

Wenn Trapp davon erzählt, merkt man: Das ist kein bisschen spöttisch gemeint. Das ist ihm ernst. Dieser ehrfürchtige Umgang mit dem Werkzeug ist auch ihm nicht fremd. Beim Schleifen sei es wichtig, Ruhe für das Messer zu haben, sagt er.

Überhaupt: die Zeit. Die nimmt sich der 56-Jährige, das ist ihm wichtig. Selbst wenn er dabei in Verzug gerät, Kunden vertrösten muss, die ihr Messer nicht zum versprochenen Zeitpunkt wieder abholen können. Hinhudeln? Nicht mit ihm. „Wenn ich mir die Freiheit mal nicht mehr nehmen kann, dann häng´ ich meinen Beruf an den Nagel, dann ist er mir zu automatisiert."

Höchstpersönlich und am eigenen Körper übernimmt er nach der Arbeit am Schleifstein die Qualitätskontrolle: Langsam fährt er mit der Klinge über seinen Unterarm. „Nur wenn die feinen Härchen auf die Klinge springen, ist das Messer ausreichend scharf." Sein Arm ist ziemlich kahl rasiert, ein gutes Omen für seine Kunden. Denn so paradox es klingt: „Mit einem scharfen Messer schneidet man sich seltener." Auf ein stumpfes Messer übe man zu viel Druck aus und rutsche leichter ab, mit einem geschliffenen gleite man dagegen fast wie von selbst in Fleisch oder Gemüse, das dadurch auch weniger gequetscht werde. Und so lautet Trapps Credo: „Vor Messern muss man keine Angst haben, aber Respekt."

„EIN MESSER IST EINE ANSCHAFFUNG FÜRS LEBEN"

Wie viele Messer sollte ein Hobbykoch besitzen?
Alexander Trapp: Drei Messer reichen am Anfang völlig aus: ein Gemüsemesser, ein Kochmesser für Zwiebeln und Fleisch und ein Brotmesser – damit kann man auch gebratenes Fleisch sehr gut schneiden. Durch den Wellenschliff wird die Kruste angesägt, sodass sie nicht zerspringt. Erst dann gleitet das Messer ins Fleisch. Von Messersets halte ich gar nichts – das Geld sollte man sich lieber sparen und in bessere Qualität investieren.

Woran erkennt man ein Qualitätsmesser?
Trapp: Ein hochwertiges Messer ist immer von Hand geschmiedet, die Klinge bis in den Griff hinein verlängert. Anders als bei günstigen Messern ist der Griff also nicht einfach nur an die Klinge geschweißt. Das Material ist außerdem höher verdichtet als bei einem nicht so hochwertigen Messer.

Worauf sollte man beim Kauf achten?
Trapp: Man sollte vor allem probieren, wie das Messer in der Hand liegt. Das ist das Wichtigste. Ein Messer ist eine ganz individuelle Sache. Die eigene Schneidetechnik spielt eine Rolle, aber auch die Griffform und das Material. Und Frauen bevorzugen oft eine weniger lange Klinge als Männer. Profis schauen auch danach, ob das Messer ausgewogen ist. Dafür hält man die Klinge vor dem Griff zwischen Daumen und Zeigefinger und lässt sie leicht wippen – wenn die Balance stimmt, pendeln sich Griff und Klinge in einer Ebene ein. Wenn nicht, kippt der Griff nach unten. Ein Messer also unbedingt vor dem Kauf testen. Schließlich handelt es sich um ein Handwerkszeug. Und das muss man, wie der Name schon sagt, in die Hand nehmen.

Wie viel sollte man für ein gutes Kochmesser ausgeben?
Trapp: Ab 50 bis 60 Euro gibt es ein gutes geschmiedetes Messer. Das sollte man dafür aber schon ausgeben, damit es etwas taugt. Nach oben gibt es kein Limit. Gefaltete Messer aus Damast kosten bis zu mehrere tausend Euro.

Der Markt scheint schier unübersichtlich – gibt es eine bestimmte Marke, die Sie empfehlen können?
Trapp: Wenn man sich für ein europäisches Messer entscheidet, ist es weniger eine bestimmte Marke als ein ganz bestimmter Ort. Und das ist Solingen. Von dort kommen traditionell exzellente Messer. Messer aus Solingen haben weltweit einen hervorragenden Ruf – bis nach Asien. Interessant ist: Während es bei uns derzeit einen Trend zu Messern aus Japan gibt, ist es in Japan genau umgekehrt. Dort sind Messer aus Solingen sehr angesehen. Die Marke ist da zweitrangig: Egal ob Zwilling, Dick oder Windmühlenmesser – qualitativ sind sie alle sehr gut und unterscheiden sich höchstens in Design oder Griffform. Und das ist Geschmackssache.

Was halten Sie von japanischen Messern?
Trapp: Wer sich ein japanisches Messer anschafft, sollte sich vorher sorgfältig damit beschäftigen und schneiden können. Denn die Messer sind rasierklingenscharf. Sie sind also für Anfänger weniger geeignet.

Welche Pflegetipps sollte man beachten?
Trapp: Ein Kochmesser sollte man nicht in einer Schublade aufbewahren, sondern immer in einem Messerblock oder an einer Magnetleiste. Man sollte sich außerdem angewöhnen, ein schmutziges Messer gleich zu säubern. Auf keinen Fall in die Spülmaschine geben: Der Klarspüler und das Salz können zu Lochfraß im Stahl führen. Sollte ein Messer rosten, kann man es abschleifen und polieren lassen. Die richtige Pflege ist enorm wichtig, denn so ein Messer ist ja eine Anschaffung fürs Leben. Zu mir kommen oft Kunden mit bis zu 70 Jahre alten Messern. Das sind Erbstücke, die einen neuen Schliff benötigen, aber ansonsten noch tadellos sind.

Können Laien ihre Messer selbst schleifen?
Trapp: Zwar kann jeder sein Messer mithilfe eines Wetzsteins oder Streichers selbst scharf halten – aber nur, wenn er weiß, wie das geht. Der teuerste Wetzstahl nutzt nichts, wenn man mit dem Streicher nicht umgehen kann. Sonst kappt man die Schneide und ruiniert das Messer. Aber auch, wenn man das Messer eine Zeit lang selbst abgezogen hat, braucht es etwa einmal im Jahr einen Grundschliff vom Messerschleifer. Das kostet nicht die Welt, etwa ab 5 Euro aufwärts. Dafür ist das Messer dann aber wie neu.

Welche Art von Schneidebrett empfehlen Sie?
Trapp: Ein gutes Schneidebrett ist genauso wichtig wie ein gutes Messer. Ich empfehle eines aus Stirnholz, das verzieht sich am wenigsten. Es hat dieselben Eigenschaften wie Kunststoff, ist aber hygienischer und angenehmer anzufassen. Von Schneidebrettern aus Glas rate ich ab – die sind zu hart und ruinieren das Messer. Auf Holz zu schneiden ist viel schonender für Messer.

FISCH & MEERESFRÜCHTE

Die Leute von der Waterkant wissen es am besten: Fisch darf nicht fischeln, also nicht nach Fisch riechen. Sonst Hände weg davon! Die Qualität von Fisch lässt sich nicht nur riechen, sondern auch sehen: Die Augen frischer Fische sind klar, nicht trüb, die Kiemen knallig rot. Und noch ein Einkaufstipp: Guter Fisch ist kein bisschen labberig, das Fleisch ist fest, beinahe knackig.

LACHSBURGER MIT WASABI-MAYO-DIP

Zutaten für 4 Personen

Für den Wasabi-Mayo-Dip:
½ TL Grünteepulver
1 TL Wasabipaste
100 g japanische Mayonnaise (aus dem Asialaden) oder normale Mayonnaise
1 EL Sushi-Reisessig (z. B. von Kokumotsu)
2 EL Avocadoöl
Sesamöl
grüne Tabascosauce

Für die Lachsburger:
500 g Lachs
50 g Tramezzinibrot oder entrindetes Toastbrot
2 EL Teriyakisauce
Murray-River-Salzflocken
rote Tabascosauce
1 Limette
1 Zitrone
2 Eier
Shane´s Oriental Gewürzmischung
100 g Panko (siehe Infokasten)
20 g Butter
2 EL Pflanzenöl
2 Zweige Thymian

Zubereitung

Für den Dip Grünteepulver, Wasabipaste, japanische Mayonnaise, Sushi-Reisessig und Avocadoöl mit einem Schneebesen gut verquirlen. Dann 2 Tropfen Sesamöl und etwa 3 Tropfen grüne Tabascosauce einrühren.

Den Lachs in winzige Würfel schneiden. Das Tramezzinibrot ebenfalls fein würfeln. Die Lachs- und Brotwürfel miteinander vermengen. Mit der Teriyakisauce, 1 guten Prise Murray-River-Salzflocken und 1 kräftigen Spritzer Tabascosauce würzen. Die Schale von Limette und Zitrone in feinen Zesten abreißen und hinzufügen. Die Eier verschlagen und ebenfalls zugeben. Mit einer Prise Shane´s Oriental Gewürzmischung würzen. Panko einstreuen und aus der Masse Burger formen.

Butter und Pflanzenöl in einer Pfanne erhitzen und alles bei großer Hitze schaumig werden lassen. Anschließend die Hitze reduzieren und die Lachsburger auf beiden Seiten braten. Mit den Thymianzweigen bedecken. Wichtig ist, die Lachsburger nicht zu früh zu wenden, erst nach etwa 4 Minuten, damit sie gut braun werden können. Während des Bratens die Burger immer wieder mit der Butter-Öl-Mischung aus der Pfanne beträufeln; sie werden auf diese Weise saftiger. Nach 4 weiteren Minuten aus der Pfanne nehmen, zum Abtropfen auf Küchenpapier geben und mit Murray-River-Salzflocken bestreuen. Mit dem Wasabi-Mayo-Dip servieren.

PANKO

Panko sind die Semmelbrösel der japanischen Küche. Dafür wird Weißbrot ohne Rinde getrocknet. Die Krumen sind daher nicht nur heller als Semmelbrösel, sondern auch lockerer und knuspriger. Panade mit Panko ist nach dem Frittieren oder Braten herrlich kross, um nicht zu sagen „crunchy". Und diesen Lachsburgern gibt sie eine knackige Textur.

THUNFISCHTATAR MIT MANGO

Zutaten für 4 Personen
200 g Thunfisch (Sashimiqualität)
200 g Mangofruchtfleisch
2 EL Teriyakisauce
1 TL Wasabipaste
1 EL Zitronenöl
1 EL Sushi-Reisessig (z. B. von Kokumotsu)
grüne Tabascosauce
Murray-River-Salzflocken
Sesamöl

Zum Anrichten:
5 Zuckerschoten
1 Frühlingszwiebel
1 EL Carotino-Öl
einige Zweige Zitronenthymian
Wasabikaviar (siehe Infokasten)

Zubereitung

Thunfisch und Mangofruchtfleisch in winzige Würfel schneiden und in eine Schüssel geben. Mit Teriyakisauce, Wasabipaste, Zitronenöl, Sushi-Reisessig und etwa 3 Tropfen Tabascosauce würzen. Alles gut vermischen. Mit 1 guten Prise Murray-River-Salzflocken und 1 Tropfen Sesamöl abschmecken. Bei Sesamöl ist übrigens immer Vorsicht geboten – auf keinen Fall zu viel dazugeben, Sesamöl ist extrem dominant. Zu viel davon kann jedes Gericht verhunzen. Damit sich die Aromen vollständig entfalten können, sollte man das Tatar nach der Zubereitung noch etwa 1 Stunde ruhen lassen. Es sollte außerdem Zimmertemperatur haben, wenn es serviert wird.

Die Zuckerschoten und die Frühlingszwiebel in schmale Streifen bzw. feine Scheiben schneiden. Das Tatar mit Carotino-Öl beträufeln, mit Zuckerschoten, Frühlingszwiebel und Zitronenthymian garnieren und mit einem Klecks Wasabikaviar anrichten.

KAVIAR-FARBENKUNDE

Wenn man es ganz genau nimmt, dürfen nur die gesalzenen Eier (Rogen) des Störs als Kaviar bezeichnet werden. Sie sind immer grau bis schwarz. Doch landläufig ist man nicht so pingelig und schmückt auch den Rogen anderer, im Gegensatz zum Stör noch nicht vom Aussterben bedrohter Fischarten mit dem Luxuslabel „Kaviar".

- Deutscher Kaviar
  (Rogen vom Seehasen): schwarz
- Störkaviar: grau bis schwarz
- Forellen- und Lachskaviar: rötlich-orange
- Wasabikaviar: grün

LANGOSTINOS
MIT ZITRONEN-LIMETTEN-MARINADE

Zutaten für 4 Personen

Für die Marinade:
2 EL Zitronenöl
1 TL Champagneressig
1 TL Forellenkaviar
½ EL Sushi-Reisessig (z. B. von Kokumotsu)
Saft einer ⅓ Limette
Salz
Murray-River-Salzflocken
Puderzucker
Abrieb einer ½ Limette

Für die Langostinos:
pro Person etwa 5 Langostinos
Olivenöl
4 TL Forellenkaviar

Zubereitung

Für die Marinade alle Zutaten – vom Salz, den Salzflocken und dem Puderzucker jeweils 1 Prise – mit einem Spiralschneebesen gut verrühren. Den Limettenabrieb dazugeben und die Marinade beiseite stellen.

Von den Langostinos jeweils den Kopf abtrennen und wegwerfen. Die Scheren abdrehen und beiseite legen. Dann die Schwanzpanzer an den Seiten zusammendrücken, um die Langostinoschwänze aus den Schalen zu brechen. Die Schalen ebenfalls beiseite legen. Das Schwanzfleisch am Rücken einschneiden, damit der als dunkler Faden erkennbare Darm nach oben gedrückt wird. Den Darm entfernen. Die Langostinoschwänze in kleinste Würfel schneiden, sodass eine Art Tatar entsteht.

Die Langostinos mit Olivenöl marinieren und auf ein Backblech setzen. Das Blech mit Frischhaltefolie abdecken, denn so wird das Fleisch geschützt und der Geschmack dampft im Ofen nicht aus. Bei 65 Grad 8 Minuten im vorgeheizten Ofen garen.

Die Langostinos mit der Zitronen-Limetten-Marinade beträufeln. Pro Person 1 TL Kaviar dekorativ um die Langostinos verteilen und servieren.

GEBRATENE JAKOBSMUSCHELN MIT ZUCKERSCHOTEN UND GEMINZTEM ERBSENCREMESCHAUM

Zutaten für 4 Personen

Erbsencremesuppe (siehe Seite 43)
12 Jakobsmuscheln
2 EL Pflanzenöl
Salz
Shane´s Oriental Gewürzmischung (siehe Seite 62) oder Hibiskussalz
1 Handvoll Zuckerschoten
Zucker
6 Minzeblätter
Olivenöl

Zubereitung

Für den Erbsencremeschaum zunächst geminzte Erbsencremesuppe zubereiten.

Die Jakobsmuscheln mit einem Küchentuch gut abtupfen – das Muschelfleisch sollte nicht feucht in die Pfanne gegeben werden, sonst nimmt es schwer Farbe an.

Das Pflanzenöl in einer beschichteten Pfanne erhitzen. Die Jakobsmuscheln hineingeben, leicht salzen und eine gute Prise Shane´s Oriental Gewürzmischung darüberstreuen. Muscheln bei mittlerer Hitze auf beiden Seiten anbraten, bis sie schön braun sind. Das dauert pro Seite 2 bis 3 Minuten. Die Zuckerschoten schräg halbieren und 1 Minute vor Ende der Bratzeit mit in die Pfanne geben. Die Schoten mit 1 Prise Zucker und den Minzeblättern bestreuen und mit etwas Olivenöl beträufeln.

In der Zwischenzeit die Erbsencremesuppe noch einmal aufkochen lassen. Dann vom Herd nehmen und mit einem Stabmixer schaumig aufschlagen.

Die Jakobsmuscheln mit den Zuckerschoten auf dem Teller anrichten und mit dem Bratfett beträufeln. Den Erbsencremeschaum dekorativ um die Muscheln und Zuckerschoten verteilen und servieren.

SO WIRD`S GARANTIERT SCHAUMIG

Damit Flüssigkeit zu Schaum wird, gibt es eine einfache Formel: Das Verhältnis zwischen Brühe und Sahne (oder Kokosmilch) muss immer 50 : 50 betragen. Nur wenn eine Flüssigkeit genauso viel Brühe wie Sahne enthält, wird sie luftig und schaumig, wenn man sie mit dem Stabmixer aufschlägt. Der rotierende Stabmixer hebt Luft unter die Flüssigkeit, dadurch wird sie zu Schaum. Überwiegt dagegen beispielsweise die Sahne, ist die Flüssigkeit zu schwer, um Luft unterheben zu können.

DAD´S HUMMER THERMIDOR MIT SPINAT

Dieses Rezept stammt von meinem Dad, es ist seine Version des klassischen Hummer Thermidor. Mein Vater ist einer der besten Fisch- und Krustentier-Experten, die ich kenne. In Irland hat er mal als Koch in einem Restaurant am Hafen gearbeitet. Da kamen die Fische und Krebse vom Kutter geradewegs in die Pfanne.
Von meinem Dad schnappe ich auch immer wieder Wissenswertes auf. Wie dies: Die schwarzen Hummer laufen rot an, wenn sie gekocht werden, weil die sonst verschlossenen Pigmentkäfige durch das heiße Wasser geöffnet und rote Farbstoffe freigesetzt werden. Oder: Die rechte Schere des Hummers ist größer, weil sich das Tier mit ihr gegen Angriffe verteidigt. Die linke ist so etwas wie ein Essbesteck, nämlich die Futterschere.

Zutaten für 4 Personen

Für den Hummer:
2 TL Meersalz
2 Hummer à 600 g
100 g weiße Zwiebeln
120 g Butter
2 EL Olivenöl
150 ml Weißwein
1 Limette
200 g Irish Cheddar und 2 EL zum Gratinieren
2 EL Cognac
2 EL English Mustard (oder Dijonsenf)
200 g Sahne
Salz aus der Mühle

Für den Spinat:
3 Frühlingszwiebeln
1 Knoblauchzehe
30 g Butter
200 g Babyspinat
Salz aus der Mühle
frisch geriebene Muskatnuss

Zubereitung

In einem großen Topf, in dem die Hummer ausreichend Platz haben, reichlich Wasser zum Kochen bringen und das Meersalz dazugeben. Wenn das Wasser sprudelt, die Hummer darin im Ganzen 5 Minuten kochen. Sie sind gar, wenn die Panzer hinten ganz leicht brechen. Die Hummer herausnehmen und das Wasser abschütteln. Die Hummer bei Zimmertemperatur abkühlen lassen – auf keinen Fall mit kaltem Wasser abschrecken! Denn dadurch würde der austretende Fleischsaft weggespült. Die Hummer zum Abkühlen auf ein Backblech setzen, hier wird der Saft aufgefangen.

In der Zwischenzeit die Zwiebeln für die Sauce fein würfeln. Butter und Olivenöl in einer Pfanne erhitzen und die Zwiebeln bei leichter Hitze anschwitzen. Anschließend die Temperatur höher schalten, die Zwiebeln mit Weißwein ablöschen und so lange reduzieren, bis der Alkohol verkocht ist.

Um an das Fleisch zu gelangen, muss der abgekühlte Hummer geknackt werden. Am besten auf einem Brett arbeiten und unbedingt den Saft auffangen, der aus Panzer und Scheren herausläuft – denn damit lässt sich die Sauce verfeinern. Auch die Lobsterbutter (ähnelt Eiweiß) aus dem Innern des Hummers zur Sauce geben. Zuerst den Oberkörper des Hummers der Länge nach halbieren: Das Messer in der Mitte unterhalb des Kopfes ansetzen und bis zum Schwanzende durchschneiden. Dann in die entgegengesetzte Richtung, von der Mitte aus in Richtung Kopf und zwischen den beiden Scheren hindurch schneiden. Den gräulichen Magen aus dem Kopf entfernen. Das weiße Fleisch auslösen, die Hummerschalen beiseite legen. Die Scheren und Beine abbrechen. Mit einem Messer kräftig auf die Panzer der einzelnen Scherenteile und der Beine klopfen, um auch hier das Fleisch herauszulösen. Das ist zwar etwas mühsam, lohnt sich aber, da hier das zarteste Fleisch versteckt ist. Den Saft der Limette über das Fleisch verteilen.

VIEL THEATER UM HUMMER THERMIDOR

Hummer Thermidor gehört zum klassischen Repertoire der Feinschmeckerküche. Und das seit über 100 Jahren. Genau genommen seit jenem Abend im Januar 1894, als das in der Hummerschale gratinierte Krustentier erstmals auf den Tisch kam. Das war bei einem Festschmaus im Restaurant „Maire's" in Paris, wo die Premiere des Theaterstücks „Thermidor" gefeiert wurde. Es stammt aus der Feder von Victor Sardou, der Anhänger der Revolution war und sein Stück nach dem Monat „Thermidor" benannt hatte. Thermidor war im Revolutionskalender die Zeit vom 19. Juli bis zum 19. August, also der Hochsommer, was gut zum Hummer passt, auch ganz ohne Theater: Denn im Sommer, wenn das Meerwasser warm ist, haben Hummer Hauptsaison, also traditionell ihren großen Auftritt.

Den Cheddar würfeln und mit Cognac, Senf und Sahne in die Sauce einrühren. Salzen und ein paar Minuten köcheln lassen. Das Hummerfleisch mit in die Sauce geben und bei leichter Hitze etwa 3 Minuten erwärmen.

Die Sauce samt Hummerfleisch in die vier ausgelösten Hummerschalen geben und 2 EL Cheddar darüber verteilen. Die Hummerhälften im Backofen bei höchster Grillstufe so lange gratinieren, bis die Oberfläche goldbraun ist. Das dauert nur wenige Minuten – den Ofen also im Auge behalten.

In der Zwischenzeit den Spinat zubereiten: Die Frühlingszwiebeln waschen und in feine Scheiben schneiden. Die Knoblauchzehe abziehen und grob zerdrücken. Die Butter in einer Pfanne mit hohem Rand bei leichter Hitze zerlassen und nussbraun werden lassen. Knoblauch und Frühlingszwiebeln darin anschwitzen. Den Babyspinat dazugeben, leicht salzen und mit wenig Muskat (nur einmal über die Reibe ziehen) würzen.
Den Spinat etwa 1 Minute angehen lassen (er soll nicht zusammenfallen), dann sofort die Pfanne vom Herd ziehen.

Hummer Thermidor mit Spinat und Kartoffelgnocchi (siehe Seite 128) servieren.

DORADE IN DER SALZKRUSTE

Hochwertiger Fisch sollte immer in der Salzkruste gegart werden, denn dadurch bleiben all die wunderbaren Aromen und Öle im Fisch, die beim Braten in der Pfanne austreten würden. Der Geschmack des Fischs kommt so besonders gut zur Geltung. Auch Loup de mer und Rotbarbe machen sich gut im Salzpanzer. Dorade in Salzkruste ist ein edler und witziger Gag für eine Essenseinladung: Die Gäste löffeln gemeinsam das butterzarte Fleisch aus dem Fisch. Das mag unkonventionell sein, sorgt aber für Gesprächsstoff und hebt die Stimmung.

Zutaten für 4 Personen
1 Dorade von etwa 800 g (am besten vom Fischhändler ausnehmen lassen)
1 Bund Zitronenthymian
1 ½ kg naturbelassenes Meersalz (mein Tipp: Sel Marin de Guérande „Le Gabelou")
2 Eiweiß
Olivenöl

Zubereitung
Von der Dorade die untere Flosse (die obere dranlassen) und die Kiemen mit einer Schere abschneiden. Den Fisch auf keinen Fall schuppen, denn die Schuppen verhindern, dass zu viel Salz ins Fleisch eindringt. Den Zitronenthymian in den Fisch geben.

Das Meersalz auf der Arbeitsplatte aufhäufen. Eiweiß leicht mit dem Schneebesen aufschlagen und darübergießen. Mit den Händen Salz und Eiweiß gut vermengen. Wichtig ist, dass die Meersalz-Eiweiß-Masse nur leicht feucht ist. Ist die Salzkruste zu nass, bilden sich darauf im Ofen Eiweißbläschen, die sehr schnell verbrennen. Gegebenenfalls noch Meersalz hinzugeben, um überschüssige Flüssigkeit zu binden. Den Ofen auf 185 Grad vorheizen. Etwas von der Meersalzmasse in der Mitte eines Backblechs verteilen. Die Dorade daraufsetzen und den Fisch komplett mit dem restlichen Salz bedecken.

Die Dorade in der Salzkruste 35 Minuten im Ofen garen. Und falls sich die Gäste verspäten sollten: Kein Problem. Der Fisch kann gut noch eine Viertelstunde im Ofen verbringen und bleibt trotzdem herrlich saftig.

Den Fisch aus dem Ofen nehmen und 5 Minuten ruhen lassen. Dann die Dorade mit einem Brot- oder Sägemesser von vorn einmal rundherum an den Seiten anschneiden, sodass sich die Haut löst. Die Haut abziehen und großzügig Olivenöl über dem Fisch verteilen. Das Fleisch entweder portionsweise herauslösen und anrichten oder die Dorade in der Mitte des Tischs in Szene setzen und das Fleisch herauslöffeln.

GELBFLOSSENMAKRELE MIT GEKOCHTEM KNOBLAUCH UND SHIITAKE

Entwarnung: Stinkalarm müssen Sie nach dem Verzehr dieses Gerichts nicht fürchten. Der gekochte Knoblauch schmeckt angenehm mild. Durch die Milch verliert er an Schärfe – und seinen markanten Geruch.

Zutaten für 2 Personen

Für den Knoblauch:
100 g Knoblauchzehen
250 ml Milch

Für den Fisch:
300 g Gelbflosse
1 frische rote Chilischote
10 g Ingwer
50 g Galgantwurzel
5 g Kurkuma
10 Safranfäden
1 Handvoll Shiitake
1 Limette
2 Frühlingszwiebeln
1 EL weiße Sesamsaat
2 – 3 EL Pflanzenöl
Salz
50 ml Prosecco

Zum Anrichten:
1 EL Carotino-Öl
1 TL Champagneressig
2 Zweige Koriander

Zubereitung

Die Knoblauchzehen abziehen und im Ganzen in einen Topf geben. Die Milch angießen und bei leichter Hitze so lange köcheln lassen, bis der Knoblauch weich ist. Das dauert etwa 5 Minuten. Zur Kontrolle einfach mit einem Messer hineinstechen. Den Knoblauch in ein Sieb abgießen und mit kaltem Wasser sorgfältig abspülen, um die Milch zu entfernen.

Die Gelbflosse in zwei gleich große Stücke schneiden. Die Chilischote waschen, der Länge nach aufschneiden und den Strunk sowie die Samen und die Trennwände entfernen. Chili in feine Würfel schneiden. Ingwer und Galgantwurzel schälen und ebenfalls fein würfeln. Die Kurkuma (mit Handschuhen arbeiten, Kurkuma hinterlässt eine hartnäckige orange Farbe an den Händen!) schälen und in sehr feine Scheiben schneiden. Ingwer, Chili, Galgant und Kurkuma mit den Safranfäden in einer Schale vermischen. Shiitake mit einem Tuch säubern, den Stiel entfernen und die Pilze in feine Scheiben schneiden. Die Limette schälen und filetieren. Die Frühlingszwiebeln waschen, putzen, den Wurzelansatz entfernen und den Rest in feine Ringe schneiden. Die Sesamsaat in einer Pfanne ohne Öl goldbraun anrösten. Ab und zu mit einem Holzlöffel umrühren, damit der Sesam nicht anbrennt. Sobald der Sesam springt, die Pfanne vom Herd ziehen.

Das Pflanzenöl in einer Pfanne erhitzen. Den Fisch mit der Hautseite nach unten ins Fett legen, nur die nach oben liegende Fleischseite leicht salzen und die Gelbflosse bei mittlerer Hitze anbraten, bis die Unterseite kross und goldbraun ist. Dann die Hitze reduzieren, Shiitake, gekochten Knoblauch und Frühlingszwiebeln mit in die Pfanne geben, salzen und die Ingwer-Chili-Galgant-Kurkuma-Safran-Mischung über den Fisch (nicht wenden!) verteilen. Den Ofen auf 185 Grad vorheizen. Den Fisch aus der Pfanne nehmen und das Gemüse mit Prosecco ablöschen. Sobald der Proseccodampf verflogen ist, den Inhalt der Pfanne auf ein Backblech mit hohem Rand geben, den Fisch mit der Hautseite nach oben daraufsetzen und die Limettenfilets drumherum verteilen. Alles 3 Minuten im heißen Ofen garen.

Die Gelbflossenstücke mit dem Gemüse auf vorgewärmten Tellern anrichten, mit dem gerösteten Sesam bestreuen und mit Carotino-Öl sowie Champagneressig beträufeln. Die Korianderblätter von den Zweigen abstreifen und über den Fisch streuen.

> **VANILLESALZ**
>
> Vanillesalz lässt sich ganz leicht selbst herstellen: Ein paar ausgekratzte Vanilleschoten in ein kleines Glas mit Schraubverschluss geben und mit Fleur de Sel auffüllen. Mit der Zeit nimmt das Salz die Vanillearomen an. Genauso funktioniert das übrigens für Vanillezucker mit Zucker.

KAISERGRANAT/LANGOSTINOS

Das Schwanzfleisch dieser Krebse ist eine echte Delikatesse. Diese edlen Meeresfrüchte werden auch als Langostinos, Langustinen oder Scampi bezeichnet. Oft werden sie mit Garnelen, die im Unterschied zu Kaisergranat keine Scheren haben, und den sehr viel größeren Langusten und Hummern verwechselt. Sie alle gehören zur Familie der zehnfüßigen Langschwanzkrebse.

Zutaten für 2 Personen
Für den Fond:
2 rote Paprikaschoten
1 EL Teriyakisauce
1 EL Ingwersirup
1 EL süße Chilisauce
1 EL Sushi-Reisessig (z. B. von Kokumotsu)
scharfe Chilisauce
1 Knoblauchzehe
2 Kaffirlimettenblätter
1 frische rote Chilischote
weiße Sesamsaat
schwarzer Kreuzkümmel

Für die Langostinos:
4 Langostinos (Kaisergranat)
2 Kräuterseitlinge
1 Knoblauchzehe
2 EL Pflanzenöl, Salz
4 Zweige Zitronenthymian
1 EL Carotino-Öl
weißer Pfeffer aus der Mühle

Zum Anrichten:
1 Zitrone, Vanillesalz (siehe Infokasten)

Zubereitung

Die Paprikaschoten in den Entsafter geben und den Saft in einem Topf auffangen. Mit Teriyakisauce, Ingwersirup, süßer Chilisauce, Sushi-Reisessig und 1 Tropfen scharfer Chilisauce würzen. Mit dem Handballen kurz und kräftig auf die Knoblauchzehe schlagen, um sie so grob zu zerdrücken. In den Topf geben, ebenfalls die zerrupften Kaffirlimettenblätter, die Chilischote im Ganzen, etwas Sesamsaat und eine Prise Kreuzkümmel. Alles bei mittlerer Hitze einmal aufkochen lassen. 250 ml Fond abmessen. Sollte etwas Fond übrig bleiben, kann er gut eingefroren werden.

Um die Langostinos küchenfertig zu machen, zuerst jeweils den Kopf abtrennen und wegwerfen. Die Scheren abdrehen und beiseite legen. Dann die Körper an den Seiten zusammendrücken, um die Schwänze aus den Schalen zu brechen. Die Schalen aufheben. Das Schwanzfleisch am Rücken leicht einschneiden, damit der als feiner dunkler Faden erkennbare Darm nach oben gedrückt wird. Den Darm entfernen. Die Schalen und Scheren mit dem Griff eines Messers zerbrechen und beiseite legen.

Von den Kräuterseitlingen die Stiele entfernen und die verbliebenen Pilzkappen der Länge nach in Scheiben schneiden. Mit dem Handballen kurz und kräftig auf die Knoblauchzehe schlagen, um sie so grob zu erdrücken. Das Pflanzenöl mit den Schalen und Scheren des Kaisergranats in einer Pfanne mit hohem Rand erhitzen. Die Kräuterseitlinge hinzufügen und leicht salzen. Die Zitronenthymianzweige und die zerdrückte Knoblauchzehe auf die Pilze legen und alles bei großer Hitze anbraten. Damit sich die Aromen gut vermischen können, zwischendurch die Pfanne schwenken. Das Carotino-Öl einlaufen lassen und leicht pfeffern. Die Kräuterseitlinge aus der Pfanne nehmen, sobald sie eine hellbraune Farbe angenommen haben. Den Rest – also die Schalen und Scheren der Langostinos sowie die Kräuter – in einen Topf geben. Den Paprikafond dazugießen und alles bei mittlerer Hitze einmal aufkochen lassen. Die Kräuterseitlinge zurück in die Pfanne geben und den Paprikafond samt Schalen und Scheren durch ein Sieb in die Pfanne passieren.

Die Langostinos in den lauwarmen Fond legen und bei leichter Hitze einmal kurz aufkochen lassen. Die Pfanne vom Herd ziehen. Die warmen Langostinos in der Pfanne rundherum mit Klarsichtfolie abdecken, sodass jeder einzelne Krebs sorgfältig umhüllt ist. Etwa 7 Minuten lang ruhen lassen, dann die Folie entfernen.

Die Langostinos mit etwas Fond auf vorgewärmten Tellern anrichten. Zitronenschale in feinen Zesten abreißen und über dem Krebsfleisch verteilen. Außerdem je 1 Prise Vanillesalz darüberstreuen.

GEBRATENE ROTBARBE IN ARTISCHOCKENFOND

Der Artischockenfond reicht für vier Personen, die Rotbarbe ist für zwei Personen berechnet. Allerdings lohnt es den Aufwand nicht, nur halb so viel Fond zuzubereiten. Lieber den Rest einfrieren, was problemlos möglich ist.

Zubereitung

Die Artischocken putzen (siehe Seite 20) und in Scheiben schneiden. Die Zwiebel abziehen, halbieren und den Wurzelansatz entfernen. Die Zwiebel ebenfalls in Scheiben schneiden. Die Knoblauchzehe durch einen beherzten Schlag mit dem Handballen zerdrücken. 2 EL Olivenöl in einer beschichteten Pfanne erhitzen und die Artischocken- und Zwiebelscheiben mit den Kräutern und der zerdrückten Knoblauchzehe anschwitzen. Mit dem Weißwein ablöschen und den Alkohol bei mittlerer Hitze komplett einkochen lassen. Leicht salzen und den Gemüsefond angießen. Einmal aufkochen lassen, die Hitze reduzieren und etwa 5 Minuten köcheln lassen. Anschließend alles durch ein Sieb in einen Mixer oder eine Küchenmaschine passieren, um die Kräuter und den Knoblauch herauszufiltern. Die Artischockenscheiben aus dem Sieb fischen und mit in den Mixer geben. Zusammen mit 2 EL Olivenöl und etwa 2 Tropfen roter Tabascosauce rund 5 Minuten gut durchmixen und mit Champagneressig würzen.

Die Rotbarbe waschen und mit einem Küchentuch sorgfältig trocken tupfen. Der Fisch sollte auf keinen Fall feucht in die Pfanne gegeben werden. Sämtliche Schuppen und die Kiemen über der Wirbelsäule entfernen, den Fisch am Rücken mit einem Messer leicht einritzen. In den Bauch eine Art Tasche schneiden und diese salzen und pfeffern. 1 Knoblauchzehe abziehen, in Scheiben schneiden und zusammen mit dem Zitronenthymian in die Bauchtasche geben. Je 2 EL Carotino- und Olivenöl in einer beschichteten Pfanne erhitzen, die restlichen ungeschälten Knoblauchzehen und den Rosmarinzweig dazugeben und die Rotbarbe bei großer Hitze anbraten. Den Fisch erst nach etwa 4 Minuten wenden, doch bereits während des Anbratens immer wieder heißes Öl aus der Pfanne über den Fisch löffeln. Dann wenden, die Rotbarbe mit dem restlichen Carotino-Öl beträufeln und mit den Oliven belegen. Auch die zweite Seite etwa 4 Minuten anbraten.

Den Artischockenfond kurz erhitzen und noch etwas Olivenöl hinzufügen, um ihm Bindung zu geben. Die Rotbarbe in zwei Stücke teilen, auf den Tellern anrichten und Artischockenfond darüberlöffeln. Dazu passen auch Schmortomaten (siehe Seite 52), Fenchelgemüse, Spinat, Artischocken und Kartoffelgnocchi (siehe Seite 128). Wunderbar auf dem Artischockenfond ist ein Klecks Bärlauchpesto (siehe Seite 58).

Zutaten für 2 Personen

Für den Artischockenfond:
2 Babyartischocken
1 weiße Zwiebel
1 Knoblauchzehe
4 EL Olivenöl und etwas Olivenöl zum Binden
1 Zweig Rosmarin
2 Zweige Thymian
1 Bund Basilikum
100 ml Weißwein
Salz
150 ml Gemüsefond
rote Tabascosauce
1 TL Champagneressig

Für den Fisch:
1 Rotbarbe von ca. 500 g
Salz und Pfeffer aus der Mühle
3 Knoblauchzehen
½ Bund Zitronenthymian
3 EL Carotino-Öl
2 EL Olivenöl
1 Zweig Rosmarin
12 getrocknete Oliven

FISH AND CHIPS VOM ROCHENFLÜGEL

Fish and Chips sind ein englischer Imbissklassiker, der in Zeitungspapier verpackt über den Tresen geht. Meine Version kommt dagegen beinahe piekfein daher – durch den wunderbar zarten Rochen und einen würzig-säuerlichen Dip. Wer den schnöde als Remoulade verunglimpft, erfüllt locker den Tatbestand übler Nachrede.

Zutaten für 2 Personen

Für den Dip:
1 Knoblauchzehe
½ Zitrone
100 g japanische Mayonnaise (aus dem Asialaden) oder normale Mayonnaise
1 TL Kapern
½ Bund Schnittlauch
1 TL Pommerysenf
weiße Sesamsaat
Dayong-Gewürz
Murray-River-Salzflocken
rote Tabascosauce

Für die Chips:
500 g festkochende Kartoffeln

Für den Tempurateig:
6 Eiswürfel
180 g Tempuramehl
Salz
Sesamöl
1 Msp Backpulver
100 ml kaltes Mineralwasser

Für den Fisch:
Pflanzenöl für die Fritteuse
300 g Rochenflügel (alternativ Kabeljau)
Tempuramehl

Zubereitung

Für den Dip die Knoblauchzehe abziehen und in feine Scheiben schneiden. Mit der Breitseite der Messerklinge fest auf die Knoblauchscheiben drücken, sodass eine Art Mus entsteht. Zitronenschale in feinen Zesten abreißen und mit der Mayonnaise unter das Knoblauchmus rühren. Die Zitrone schälen und filetieren. 3 Zitronenfilets zusammen mit den Kapern grob hacken und unter die Mayonnaise mischen. Den Schnittlauch in feine Röllchen schneiden und etwa 1 gehäuften Esslöffel voll ebenfalls dazugeben. Pommerysenf vorsichtig unterrühren. Mit je einer Prise Sesam, Dayong-Gewürz und Murray-River-Salzflocken sowie 1 Tropfen Tabascosauce abschmecken.

Für die Chips, also die englischen Pommes frites, die Kartoffeln gut waschen und samt Schale in gut 1 ½ cm breite und etwa 7 cm lange Spalten schneiden. Die Kartoffeln in reichlich kochendem Salzwasser bissfest garen. Das dauert etwa 5 Minuten. Dadurch bekommen die Kartoffeln später in der Fritteuse genau die richtige Konsistenz: innen weich, außen knusprig und goldbraun.

Damit der wunderbare Geschmack des zarten Rochenflügels gut zur Geltung kommt, frittiere ich ihn in schlichtem Tempurateig. Für den Teig die Eiswürfel in einer Rührschüssel etwa zur Hälfte schmelzen lassen – der Tempurateig sollte eiskalt sein, damit er gut am Fisch haften bleibt und später im heißen Fett schön knusprig wird. Das Tempuramehl in die Rührschüssel mit den halb geschmolzenen Eiswürfeln streuen und mit 1 Prise Salz und 1 Tropfen Sesamöl anrühren. Backpulver und Mineralwasser untermengen. Der Tempurateig sollte etwas dickflüssiger als Pfannkuchenteig sein – ist er zu flüssig, mit Tempuramehl ausgleichen, ist er zu dick, noch etwas Mineralwasser einrühren.

Die Fritteuse samt Pflanzenöl auf 185 Grad vorheizen. Die Rochenflügel aus dem Kühlschrank nehmen und mit Küchenpapier abtupfen. Auf beiden Seiten salzen, mit etwas Tempuramehl leicht bestäuben und das Mehl vorsichtig ins Fleisch klopfen. Die Rochenflügel in den Tempurateig tauchen, sodass der Fisch vollständig bedeckt ist. Zusammen mit den Kartoffeln ins heiße Öl der Fritteuse geben und den Rochen etwa 3 Minuten, die Chips 4 bis 5 Minuten frittieren. Zuerst den Fisch und dann die Chips aus der Fritteuse nehmen und zum Abtropfen auf Küchenpapier geben. Mit dem Dip servieren.

GEGRILLTER SEESAIBLING VOM FLIEGENFISCHER MIT ZWEIERLEI KAROTTEN

Fischers Fritze fischte frische Fische und die landen, eben noch im Wasser, direkt auf meinem Grill. Fischers Fritze heißt im wahren Leben Herbert und ist Fliegenfischer im Mohr Life Resort in Lermoos/Tirol. Im Zehnminutentakt holten Herbert und sein Sohn Luca die Seesaiblinge aus der Loisach, als ich vorigen Sommer am Fuße der Zugspitze Gastkoch war. Und Grillmeister natürlich. Die Fische haben wir gleich am Flussufer zubereitet.

Zutaten für 4 Personen

Für die Karotten:
6 gelbe Karotten
6 orange Karotten
1 große weiße Zwiebel
100 g Butter
Salz aus der Mühle
5 – 6 Safranfäden
1 TL Orangenpulver
1 TL Shane´s Oriental Gewürzmischung
1 EL Worcestersauce
300 ml Orangensaft
150 ml Wasser
1 Orange

Für den Seesaibling:
1 Seesaibling von etwa 800 g
Salz und weißer Pfeffer aus der Mühle
6 – 8 Zweige Thymian
Pflanzenöl

Zum Anrichten:
150 g Chorizo, Basilikum

Zubereitung

Die Karotten schälen, der Länge nach halbieren und mit schrägen Schnitten in halbmondförmige Stücke schneiden. Die Zwiebel abziehen, halbieren und den Wurzelansatz entfernen. Die Zwiebel in feine Scheiben schneiden. Die Butter bei leichter Hitze zerlassen und die Zwiebelscheiben glasig anschwitzen. Leicht salzen, die Safranfäden einstreuen und die Karotten dazugeben. Nochmals leicht salzen und alles angehen lassen. Orangenpulver, Shane´s Oriental Gewürzmischung, Worcestersauce, Orangensaft und Wasser untermischen. Dann einen Deckel aus Backpapier (siehe Seite 61) direkt auf die Karotten legen, die Hitze höher schalten und alles langsam köcheln lassen, bis die Karotten weich sind. Das dauert etwa 15 Minuten. Die Schale der Orange mit einer Microplane-Reibe über die Karotten reiben und alles mit Salz abschmecken.

Den Seesaibling zunächst gut säubern: Dafür den Bauch aufschneiden und sämtliche Innereien entfernen. Dann den Fisch innen und außen abwaschen und mit einem Küchentuch gut trocken tupfen. Den Saibling innen salzen und pfeffern und die Thymianzweige hineingeben. Den Fisch außen mit reichlich Pflanzenöl einreiben und auf den Grillrost legen. Den Seesaibling beidseitig über der glühenden Kohle garen, pro Seite dauert das 8 bis 12 Minuten. Um zu überprüfen, ob das Fleisch gar ist, ein Stück der Rückenflosse herausziehen. Geht das ganz leicht, den Fisch vom Grill nehmen.

Dann die Haut des Saiblings abziehen. Das Fleisch salzen, pfeffern und Stück für Stück von den Gräten befreien.

Die Chorizowurst hauchdünn aufschneiden. Die Karotten auf den Tellern verteilen, den Fisch darauf anrichten und mit Basilikumblättern und Chorizo garnieren.

NORWEGISCHE EISMEERFORELLE
MIT WOLFSBEEREN-PAPRIKA-MARINADE

Zutaten für 4 Personen

500 g Eismeerforelle
Salz
Butter

Zubereitung

Die Eismeerforelle in vier Scheiben schneiden und nur ganz leicht salzen – zu viel Salz entzieht dem Fisch Eiweiß; das ist dann an unschönen weißen Bläschen zu erkennen, die an die Oberfläche treten.

Den Backofen auf 80 Grad vorheizen. Ein Backblech mit Butter einstreichen und darauf die Forellenscheiben auslegen, dabei jeweils einen fingerbreiten Abstand lassen.
Den Fisch komplett mit einem großen Stück Klarsichtfolie abdecken, und zwar so:
Die Folie um die einzelnen Scheiben herum legen und festdrücken. Das sieht ein wenig so aus, als wolle man die Fischscheiben ins Bett bringen. Doch es geht nur ab in den heißen Ofen, und dies für etwa 14 bis 16 Minuten. Der Fisch ist fertig, wenn er eine leicht weiße Farbe angenommen hat. Innen jedoch sieht er noch roh aus.

Während die Eismeerforelle im Ofen ist, die Wolfsbeeren-Paprika-Marinade (siehe Seite 67) zubereiten.

Die lauwarmen Forellenscheiben auf Tellern anrichten und etwas Marinade darüber löffeln. Dazu passen: grüner Salat, Spargel- oder Fenchelsalat.

GAREN MIT KLARSICHTFOLIE
Sieht etwas schräg aus, die Klarsichtfolie ist aber ein tolles Hilfsmittel, um Forellen oder auch Lachsscheiben auf den Punkt zu garen: Durch die Folie bleibt der Fisch wunderbar saftig. Keine Angst, von der Folie geht keine Gefahr aus. Wichtig ist, den Ofen auf höchstens 80 Grad zu beheizen. Erst bei höheren Temperaturen wird`s brenzlig.

FRANKS SCHWERTFISCH-CARPACCIO

Mein älterer Bruder Frank lebt in den USA und ist Küchenchef in Hank's Seafood Restaurant, einem exzellenten Lokal in Charleston, South Carolina. Dort ist sein Schwertfisch-Carpaccio der absolute Renner.

Zutaten für 4 Personen (als Vorspeise)
1 Limette
½ Bund Koriander
½ Bund Schnittlauch
3 Schalotten
3 Tomaten
1 Jalapeno-Chilischote
1 TL Zitronenöl
Salz und weißer Pfeffer aus der Mühle
250 g Schwertfisch
20 ml weißes Trüffelöl
½ Zitrone

Zum Anrichten:
10 gelbe Cherrytomaten

Zubereitung

Die Limette schälen und filetieren. Den Koriander in feine Streifen, den Schnittlauch in feine Röllchen schneiden. Die Schalotten abziehen, halbieren und würfeln. Die Tomaten waschen, trocken tupfen, vierteln und entkernen. Den Rest der Tomaten in Würfel schneiden. Die Jalapeno-Chilischote waschen und ebenfalls würfeln.

Das Zitronenöl gleichmäßig auf einem flachen Teller verteilen und darauf Salz und Pfeffer streuen. Den Schwertfisch in hauchdünne Scheiben schneiden und darauf auslegen.

Für die Carpacciomarinade die Limettenfilets vorsichtig mit dem Trüffelöl, den Kräutern, Schalotten-, Tomaten- und Jalapeno-Würfeln in einer Schüssel vermischen. Zitronenschale mit einer Microplane-Reibe abschaben und darüberreiben. Den Schwertfisch mit der Marinade überziehen, mit halbierten Cherrytomaten anrichten und zum Schluss alles salzen und pfeffern.

© Fotos: Blair K. Halford

PASTA & CO.

Lange gab es zwischen Italien und China einen Wettschreit darüber, welches Land die Pasta erfunden hat. Tatsächlich sind Nudeln mehrere Jahrtausende alt, das älteste Rezept stammt aus China. Im weitesten Sinne zwischen Italien und China liegt Österreich, die Heimat von Shanes Mutter. Und so dürfen in diesem Kapitel natürlich neben Dim-Sum-Ravioli und Strozzapreti auch die Tiroler Schlutzkrapfen nicht fehlen.

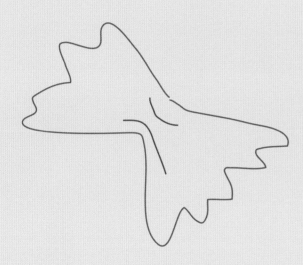

DIM-SUM-RAVIOLI MIT LANGOSTINOS

Zutaten für 4 Personen

1 Schalotte
1 EL Butter
1 EL Teriyakisauce
1 EL Sojasauce
1 Limette
1 Zweig Estragon
1 Handvoll Babymangold
300 g Langostinoschwänze (ca. 10 Stück, tiefgefroren oder frisch)
1 Päckchen Dim-Sum-Teig (aus dem Tiefkühlfach im Asialaden)
1 Handvoll Shiitake
4 EL Pflanzenöl

Zum Anrichten:

Zwiebelsprossen (alternativ Sojasprossen)
Korianderblätter

TIPP

Den Dim-Sum-Teig nach dem Auftauen aufbrauchen, sonst kleben die Teigblätter zusammen. Gefüllte Ravioli kann man dagegen gut einfrieren.

Es soll ja Leute geben, die der Meinung sind, dass Kochen anstrengend und langwierig sein muss, damit das Ergebnis viel hermacht. Finde ich nicht. Ich bin ein großer Fan von kleinen, aber wirkungsvollen Tricks, die einem das Leben in der Küche erleichtern. Natürlich, der Geschmack muss stimmen. In diesem Fall tut er es: Bei diesem Rezept müssen Sie nicht erst einen Teig kneten und ausrollen. Den Teig gibt es fertig und tiefgefroren im Asialaden. Eigentlich ist er für Dim Sum vorgesehen, das sind gefüllte chinesische Teigtaschen. Den Trick habe ich mir übrigens bei einem Sternekoch abgeschaut – nur damit Sie wissen, in welcher Liga diese kleinen runden Teigblätter spielen …

Zubereitung

Die Schalotte abziehen, halbieren und fein würfeln. Die Butter in einer Pfanne bei leichter Hitze zerlassen und die Schalotten anschwitzen. Teriyaki- und Sojasauce unterrühren. Die Limettenschale in feinen Zesten abreißen und hinzufügen. Estragon und die Hälfte des Babymangolds grob hacken und unterheben. Die Pfanne vom Herd nehmen und den Inhalt abkühlen lassen.

Unterdessen von den Langostinos jeweils den Kopf abtrennen und wegwerfen. Dann die Körper an den Seiten zusammendrücken, um die Langostinoschwänze aus den Schalen zu brechen. Langostinos am Rücken leicht einschneiden, damit der als feiner dunkler Faden erkennbare Darm nach oben gedrückt wird. Den Darm mithilfe einer Pinzette entfernen. Die Langostinoschwänze in feine Würfel schneiden, sodass eine Art Tatar entsteht. Das Langostinofleisch mit der abgekühlten Schalotten-Mangold-Mischung in eine Schüssel geben und gut vermengen. Fertig ist die Füllung für die Ravioli.

Die runden Dim-Sum-Teigblätter auf der Arbeitsfläche ausbreiten. Jeweils 1 TL Raviolifüllung in die Mitte eines Teigblattes setzen. Den Teigrand zur Hälfte mit wenig Wasser bestreichen und die gegenüberliegende Hälfte des Teigblatts über die Füllung falten. So entstehen Halbmonde. Die aufeinandergeklappten Ränder gut zusammendrücken. Mithilfe des Wassers kleben sie fest zusammen. Die Ravioli in reichlich kochendem Salzwasser einmal aufkochen und in 3 Minuten gar ziehen lassen.

Für die Shiitake eine beschichtete Pfanne mit Pflanzenöl erhitzen und die Pilze bei mittlerer Hitze gut anbraten. Das dauert etwa 5 Minuten. Danach den restlichen Babymangold und die Ravioli mit in die Pfanne geben und alles gut durchschwenken. Shiitake auf den Tellern verteilen, darauf die Ravioli setzen und mit Zwiebelsprossen und Korianderblättern bestreut anrichten.

STROZZAPRETI MIT RADICCHIO TREVISANO

Dies ist die schmackhafteste Resteverwertung, die ich mir vorstellen kann. Gewürfeltes Ochsenbackerl (siehe Seite 78), das vom Vortag übrig geblieben ist, passt hervorragend zu Strozzapreti. Die Mengenangabe für das Ochsenbackerl-Ragout müssen Sie übrigens nicht bis aufs letzte Gramm einhalten, sie ist eher ein Richtwert, eine Art geschmacklicher Idealfall. Doch es schmeckt auch mit weniger Fleisch.

Zutaten für 4 Personen

2 Köpfe Radicchio
500 g Strozzapreti
80 g Zucker
100 ml Aceto Balsamico
400 g Ragout vom Ochsenbackerl
100 ml Rotwein
100 ml Portwein
30 g kalte Butter
3 EL Rotweinsauce (vom Ochsenbackerl)
Salz und Pfeffer aus der Mühle

Zum Anrichten:
Olivenöl
Petersilie
Pecorino (nach Belieben)

Zubereitung

Radicchio waschen, halbieren, vierteln, den Wurzelansatz entfernen und den Salat in grobe Stücke schneiden. Diese 20 Minuten in warmes Wasser legen, denn dadurch werden dem Salat Bitterstoffe entzogen. Anschließend den Radicchio in ein Sieb abgießen und trocken schütteln.

Die Strozzapreti in sprudelndem Salzwasser so lange kochen, wie auf der Packung angegeben.

Den Zucker in einem großen Topf bei leichter Hitze karamellisieren lassen. Mit Aceto Balsamico ablöschen und den Radicchio dazugeben. Sobald der Salat zusammengeschmort ist, das Ochsenbackerl-Ragout unterheben. Rot- und Portwein angießen und so lange einkochen lassen, bis die Flüssigkeit leicht karamellisiert und sämig ist. Die Butter würfeln und mit der Rotweinsauce unterrühren. Mit Salz und Pfeffer abschmecken.

Sobald die Strozzapreti weich sind, in ein Sieb abgießen und ebenfalls zu Radicchio und Ochsenbackerl in den Topf geben. Gut durchschwenken.

Mit 1 Schuss Olivenöl und gehackter Petersilie anrichten. Wer will, kann zum Schluss Pecorino nach Geschmack darüberreiben.

KARTOFFELGNOCCHI IN SALBEIBUTTER

Zutaten für 4 Personen
600 g Kartoffeln (geschält 500 g)
2 Eigelb
55 g Mehl
55 g Speisestärke
Salz
frisch geriebene Muskatnuss
125 g Butter
Olivenöl
½ Bund Salbei

Zubereitung

Die Kartoffeln schälen und in gleich große Stücke schneiden. Die Größe ist egal – wirkt sich nur auf die Kochzeit aus. Kartoffeln in reichlich sprudelndem Salzwasser weich kochen. Inzwischen den Backofen auf 100 Grad vorheizen.

Die Kartoffeln durch eine Kartoffelpresse auf ein Backblech drücken und die Masse dabei gut verteilen, damit sie schneller ausdampft. Im 100 Grad heißen Ofen etwa 5 Minuten ausdampfen lassen. Anschließend aus dem Ofen nehmen und abkühlen lassen. Die Kartoffelmasse mit Eigelb, Mehl und Speisestärke vermengen. Mit Salz abschmecken und mit etwas Muskat (einmal über die Reibe ziehen) würzen.
25 g Butter bei leichter Hitze braun werden lassen und heiß unter die Kartoffelmasse mischen. Die Masse zu einer Kugel kneten und dann zu etwa daumendicken Würsten formen. Davon Gnocchi abschneiden.

Die Gnocchi in sprudelnd kochendem Salzwasser so lange garen, bis sie an die Oberfläche steigen. Das dauert nur wenige Minuten. Mit einem Schaumlöffel herausnehmen, abtropfen lassen und auf einem Blech in Olivenöl schwenken.

In einem Topf die restliche Butter bei leichter Hitze braun werden lassen und den grob gehackten Salbei dazugeben. Sofort über die Gnocchi verteilen, sorgfältig vermischen und servieren.

SCHLUTZKRAPFEN VON ONKEL HANS

Zutaten für 4 Personen
Für den Teig:
100 g Buchweizenmehl
100 g Weizenmehl
Salz
125 ml lauwarmes Wasser
Olivenöl
Mehl zum Ausrollen

Für die Füllung:
300 g mehlig kochende Kartoffeln
½ Bund Schnittlauch
1 Ei
Salz und Pfeffer aus der Mühle
frisch geriebene Muskatnuss
1 EL Sauerrahm

Zum Anrichten:
2 EL Butter
frisch geriebener Parmesan

Erst kürzlich hat mich mein Onkel Hans aus Tirol in München besucht und mir gezeigt, wie er seine legendären Schlutzkrapfen zubereitet – nach einem alten Familienrezept, das ich bis dahin noch nie selbst ausprobiert hatte. Ein großes Versäumnis! Ich bin begeistert von dieser schlichten Raffinesse, die von jeher die große Stärke der Tiroler Küche ist. Apropos: Wenn Sie die Schlutzkrapfen ganz authentisch nach Tiroler Art auf den Tisch bringen wollen, servieren Sie dazu nichts weiter als einen grünen Salat und ein großes Glas Milch.

Zubereitung

Für den Teig beide Mehlsorten vermengen und auf der Arbeitsplatte aufhäufen. In die Mitte eine Mulde drücken und 1 gute Prise Salz einstreuen. Das Wasser in die Mulde gießen und alles mit den Händen gut vermengen. Mit 1 Schuss Olivenöl zu einem glatten, geschmeidigen Teig verkneten. Sollte der Teig zu fest sein, mit etwas Wasser verdünnen. Den Teig etwa 30 Minuten im Kühlschrank ruhen lassen.

In der Zwischenzeit die Kartoffeln mit Schale weich kochen. Anschließend pellen und noch heiß durch die Kartoffelpresse drücken.

Den Schnittlauch in feine Röllchen schneiden und unter das Kartoffelpüree mischen. Das Ei verschlagen und unterrühren. Das Kartoffelpüree mit jeweils 1 guten Prise Salz, Pfeffer und Muskat würzen. Mit dem Sauerrahm verrühren.

Den Teig auf der bemehlten Arbeitsfläche dünn ausrollen. Aus dem Teig mit einem Weinglas oder einem Ausstecher Kreise ausstechen. Mit einer Spritztülle ½ EL Füllung in die Mitte setzen. Den Rand der einen Seite auf die gegenüberliegende Seite falten, sodass ein Halbmond entsteht. Die aufeinandergeklappten Ränder fest zusammendrücken (ohne Luftblasen!), zur Not zusätzlich mit etwas Wasser verkleben.

In einem Topf reichlich Salzwasser zum Kochen bringen. Die Schlutzkrapfen hineingleiten lassen und etwa 10 Minuten in sprudelnd kochendem Wasser garen.

In der Zwischenzeit die Butter zerlassen und leicht bräunen (man nennt sie Nussbutter).

Wenn die Schlutzkrapfen fertig sind, steigen sie – so wie dies auch Gnocchi tun – an die Oberfläche. Mit einem Schaumlöffel herausheben, abtropfen lassen und in der Nussbutter schwenken. Die Schlutzkrapfen auf vorgewärmten Tellern anrichten. Dazu Parmesan reichen.

INFO

Zum Formen der Schlutzkrapfen gibt es ein praktisches Hilfsmittel: eine Schlutzkrapfenform aus Plastik, die in Tirol in beinahe jedem Haushalt zu finden und auch in Deutschland als „Maultaschenform" zu haben ist. Man legt die Teigkreise mit der Füllung in die Mitte der Form und drückt diese fest zusammen. Durch den Druck wird der Schlutzkrapfen an den Rändern perfekt verschlossen.

TIROLER SPECKKNÖDEL VON DER MAMA

Über 100 Jahre alt ist dieses Familienrezept. Es stammt aus dem Repertoire meiner Ururoma Lechner aus Osttirol. Seit fünf Generationen rollen wir nun schon diese Knödel. Meine Mutter hat mir erzählt, dass früher bei ihnen daheim in Tirol immer dienstags, donnerstags und sonntags Knödel auf den Tisch kamen. An den Sonntagen schmeckten sie besonders gut, weil sie dann mit viel Speck gefüllt waren. Meine Oma hat immer schon am Vorabend das Brot und die Wurst klein geschnitten und dabei den Rosenkranz gebetet. Das mache ich genauso, allerdings ohne den Rosenkranz. Übrigens: Als meine Mutter Kind war, verdrückte jeder vier Knödel: zwei zu Wasser (Knödel in Fleischbrühe) und zwei zu Land (Knödel mit Salat).

Zutaten für 8 Personen
(ergibt etwa 26 kleinere Knödel)
800 g Knödelbrot (altes Weißbrot oder alte Semmeln)
150 g Speck
150 g geräucherte Wurst
1 Kaminwurz
1 Bund Schnittlauch
5 Eier
Salz und weißer Pfeffer aus der Mühle
frisch geriebene Muskatnuss
1 l Wasser
etwas Mehl

Zum Anrichten:
100 g Butter
½ Bund Schnittlauch

Zubereitung

Knödelbrot, Speck, geräucherte Wurst und Kaminwurz in winzige (!) Würfel schneiden. Brot-, Speck- und Wurstwürfel in einer Schüssel miteinander vermischen. Den Schnittlauch waschen und in feine Röllchen schneiden.

Die Eier mit je 1 kräftigen Prise Salz und Pfeffer sowie etwas Muskat würzen. Wasser hinzufügen und alles mit dem Schneebesen gut verrühren. Den Schnittlauch einstreuen. Alles über die Brot-Speck-Wurst-Mischung geben und sorgfältig miteinander verkneten.

Jetzt aus der Masse Knödel formen: Wie das am besten geht, darüber scheiden sich die Geister. Mancher rollt die Knödel am liebsten zwischen beiden Handflächen, andere schwören auf die Löffelmethode. Die geht so: Die linke Handfläche mit Wasser anfeuchten (bei Linkshändern die rechte Handfläche), etwas Knödelmasse in die Handfläche geben und darin mit einem ebenfalls feuchten Esslöffel Knödel formen. Die Knödel sollten übrigens nicht zu groß sein. In Tirol sind sie traditionell eher klein, kaum größer als ein Golfball. Der Vorteil: Kleinere Knödel müssen nicht so lange kochen wie große, werden also auch nicht so leicht wässrig. Wer auf Nummer sicher gehen will, formt zunächst nur einen Knödel – so wie dies auch die Tiroler tun. Die nämlich geben erst einmal nur einen Testknödel ins siedende Wasser, um zu prüfen, ob die Konsistenz des Teigs stimmt. Ist dies nicht der Fall, etwas Mehl oder Wasser zur restlichen Masse geben – je nachdem, ob der Teig zu feucht oder zu trocken ist.

Einen großen Topf mit Salzwasser zum Sieden bringen. Die Knödel einlegen und 10 bis 15 Minuten ziehen lassen. In der Zwischenzeit die Butter zerlassen. Die fertigen Knödel damit beträufeln und mit dem Schnittlauch bestreuen.

> **TIPP**
> In Tirol darf man einen Knödel nie! nie! nie! mit dem Messer durchschneiden, sondern muss ihn mit Löffel und Gabel zerteilen und in kleine Stücke reißen. Die Einhaltung dieser Regel wird schonungslos überwacht. Zumindest war das früher so, oder zumindest in meiner Familie. Mein Onkel Hans, der Bruder meiner Mutter, erzählt noch heute davon, dass sein Opa ihm stets mit dem Besteck auf die Finger gehauen hat, wenn er als Kind mit dem Messer am Knödel hantierte.

PFIFFERLING-TAGLIATELLE

In Feld, Wald, Wiese und Garten gibt es so einige Traumpaare. Zu den echten Promis gehören dabei Basilikum und Tomate. Die beiden kennt jeder, und sie gehören ja auch einfach zusammen. Genauso gut, aber das wissen nur wenige, harmonieren Pilze und Petersilie. In diesem Gericht schmeißt sich die Petersilie an die Pfifferlinge ran, dass es eine Wonne für den Gaumen ist. Eine echte Liebesheirat.

> **TIPP**
> Zu diesem Gericht passt wunderbar auch angebratener Serrano- oder Parmaschinken und auch Speck – in Scheiben oder Würfeln.

Zutaten für 4 Personen

300 g Pfifferlinge
½ weiße Zwiebel
1 Knoblauchzehe
60 g Butter
2 EL Pflanzenöl
250 g Tagliatelle (oder mehr – je nach Appetit)
Salz
1 EL Aceto Balsamico
6 Schmortomaten (siehe Seite 52)
1 EL Olivenöl

Zum Anrichten:
1 Handvoll Petersilie
frisch geriebener Parmesan (nach Belieben)

Zubereitung

Die Pfifferlinge mit einem Tuch – nie mit Wasser! – putzen. Wenn nötig, die Erde vorsichtig mit einem Messer abkratzen. Die Zwiebel abziehen, halbieren und den Wurzelansatz keilförmig entfernen. Die Zwiebel in schmale Streifen schneiden. Knoblauch abziehen und durch einen Schlag mit dem Handballen zerdrücken. Petersilie waschen, trocken schütteln und fein hacken.

30 g Butter und Pflanzenöl in einer Pfanne erhitzen und die Pfifferlinge zusammen mit der zerdrückten Knoblauchzehe bei großer Hitze goldbraun anbraten. Nur Geduld, das braucht ein wenig Zeit. Wichtig: Pfifferlinge nie vor dem Anbraten würzen, da dies den Pilzen Wasser entzieht und sie dann im verwässerten Bratfett schwer Farbe annehmen. Das gilt übrigens für alle Pilzarten, abgesehen von Shiitake. Sobald die Pfifferlinge goldbraun sind, die Zwiebeln dazugeben und mit anschwitzen.

Unterdessen die Tagliatelle in reichlich sprudelndem Salzwasser kochen, bis sie al dente sind, also noch einen leichten Biss haben. Dann in ein Sieb abgießen und ein wenig Nudelwasser auffangen.

Die Pfifferlinge und Zwiebeln mit Aceto Balsamico glasieren. Schmortomaten und Tagliatelle mit ein paar Löffeln Nudelwasser zu den Pfifferlingen in die Pfanne geben und alles gut durchschwenken. Die restliche Butter in Stückchen hinzufügen, damit die Sauce sämig wird. Mit Olivenöl beträufeln und mit Salz abschmecken. Die Tagliatelle mit Petersilie bestreuen. Den Parmesan getrennt reichen.

> **INFO**
> Pilze sind muntere Schmuddelkinder. Sie wollen nicht mit Wasser gereinigt werden. Anderenfalls rächen sie sich durch Geschmacksverlust. Reinigen Sie Pilze daher nie mit Wasser! Es reicht, sie abzubürsten, den Schmutz mit einem Tuch zu entfernen oder mit einem Messer abzukratzen. Einzige Ausnahme sind Champignons und Egerlinge. Ihrem Aroma tut es keinen Abbruch, wenn sie mit etwas Wasser gewaschen werden. Auch wenn das meist gar nicht nötig ist. Und wenn doch, etwas Mehl ins Wasser geben – das wirkt wie eine Art Peeling und rubbelt den Schmutz ab.

SOBANUDELN MIT SHIITAKE UND THUNFISCHFLOCKEN

Zutaten für 4 Personen

300 g Shiitake
1 rote Zwiebel
2 Frühlingszwiebeln
4 EL Pflanzenöl
Salz
2 EL helle Sojasauce
Mushroom-Sojasauce
200 ml Zitronengras-Limetten-Fond (siehe Seite 69)
200 g Sobanudeln (aus dem Asialaden)
2 TL Teriyakisauce
2 TL Yakiniku-No-Tare-Sauce (japanische Barbecuesauce aus dem Asialaden)

Zum Anrichten:

Koriander
1 Handvoll getrocknete Bonitoflocken (Thunfischflocken aus dem Asialaden)

Zubereitung

Von den Shiitake den Stiel entfernen. Die Pilzkappen in feine Scheiben schneiden. Die Zwiebel abziehen, halbieren, den Wurzelansatz keilförmig entfernen und den Rest in hauchdünne Scheiben schneiden. Die Frühlingszwiebeln waschen, trocknen und den Wurzelansatz entfernen. Die Zwiebeln in Stücke schneiden.

Das Pflanzenöl in einer beschichteten Pfanne mit hohem Rand erhitzen und die leicht gesalzenen Shiitake bei mittlerer Hitze goldbraun anbraten. Anschließend mit Sojasauce, etwa 6 Tropfen Mushroom-Sojasauce und Zitronengras-Limetten-Fond ablöschen und alles um die Hälfte einkochen lassen.

Unterdessen die Sobanudeln so lange wie auf der Packung angegeben in reichlich sprudelndem Salzwasser weich kochen. Anschließend in ein Sieb abgießen.

Shiitake mit Teriyakisauce und Yakiniku-No-Tare-Sauce würzen. Die Frühlingszwiebeln und die gekochten Sobanudeln mit in die Pfanne geben und alles gut durchschwenken. Mit grob gezupftem Koriander und Bonitoflocken anrichten. Mit den Bonitoflocken kommt Leben auf den Teller – die zarten Flocken bewegen sich nämlich leicht, da sie auf Wärme reagieren. Das sieht fast so aus, als würden sie winken. Ein ziemlich cooler Gag, finde ich.

ÄPFEL MIT AUSSICHT:
Kulinarische Revolution vom Ammersee

Diese Äpfel haben es gut. Sie wachsen da, wo andere Urlaub machen, mit freiem Blick auf den Ammersee. Die Perger-Obstplantage in Breitbrunn, südwestlich von München, ist ein Paradies, besonders im Frühjahr, wenn die 16 000 Obstbäume blühen, und im Herbst, wenn sie sich unter den reifen Früchten biegen. Auf dieser Obstplantage geht es um hochwertige Fruchtsäfte. Darauf ist die Kelterei Perger seit über 60 Jahren spezialisiert. Der Familienbetrieb hat sich mit Biosäften einen Namen gemacht. Über zwei Millionen Flaschen werden hier pro Jahr abgefüllt. Nicht nur Apfelsaft, sondern vor allem Fruchtmischungen, die Firmenchef Johannes von Perger entwickelt. „Ich habe den Geschmack im Kopf", sagt der gelernte Obstbaumeister, der so lange mit verschiedenen Fruchtaromen experimentiert, bis der Saft seiner Vorstellung entspricht.

„Der dunkle, fruchtige Saft entwickelt über die Zungenspitze eine leichte Säure und hat einen kräftigen, tiefen Abgang und eine große Fülle", beschreibt von Perger das Geschmackserlebnis. In seinem Mund lässt er einen Schluck aus dem Weinglas kreisen. „Dazu kräftig Geschmortes – perfekt!" Spricht er etwa von Wein? Klingt eher, als würde er den „Abgang" eines Spätburgunders beschreiben und nicht den Geschmack eines Fruchtsafts. Was falsch ist und doch irgendwie richtig. Es handelt sich um einen Saft, der wie ein Wein daherkommt, also mit einer ähnlichen Fülle an Aromen. In diesem Fall um eine ausgeklügelte Mischung aus Apfel-, Trauben-, Kirsch-, Holunder- und Johannisbeersaft, kurz um den „Lucullus Maximus", den von Perger seinem Vater Maximilian zu Ehren kreiert hat. Dahinter steckt mehr als die Reverenz des Sohnes an den inzwischen 86-jährigen Firmengründer. Dies ist, wenn man so will, die Erfindung des 46-jährigen Juniors: Er baut Weine nach. Seine Lucullus-Säfte orientieren sich geschmacklich an edlen

DER PASSENDE SAFT ZUM ESSEN

Apfelsaft: Fisch, leichter Braten, Gemüse
Birnensaft: Mehlspeisen (Pfannkuchen, Dampfnudeln), milder Käse, Geflügel
Apfel-Ananas-Saft: Meeresfrüchte
Apfel-Kirsch-Saft: Pasta mit Tomatensauce, Pizza, Kalbfleisch
Apfel-Zwetschgen-Saft: Sauerbraten, Wurstsalat
Apfel-Johannisbeer-Saft: Rinderbraten, kräftige Brotzeit
Apfel-Holunder-Saft: Wild, Schmorbraten

> **SAFTEMPFEHLUNGEN ZU SHANES ...**
>
> ✳ **Kalbsleber mit Apfel-Zwiebel-Püree (siehe Seite 88):**
>   Apfel- Kirsch-Saft, kräftiger Apfelsaft oder Lucullus Romanus
> ✳ **Roastbeef mit Rosmarinkartoffeln und Steirischer Kernöl-marinade (siehe Seite 84):**
>   Apfel-Holunder-Saft oder Lucullus Maximus
> ✳ **Yellow-Paprika-Curry mit Safran und Pok Choi (siehe Seite 54):**
>   Direktsaft aus spanischen Saftorangen (herber als herkömmlcher Orangensaft), Grapefruitsaft oder Lucullus Xanthippus

Rebensäften. Und dabei müssen sie sich nicht verstecken, meint von Perger, der nicht nur Saft-, sondern auch Weinhändler ist: „Ein tiefgründiger Saft ist als Begleiter zu gutem Essen einem Wein ebenbürtig." Diese kulinarisch beinahe revolutionäre Erkenntnis kam ihm, als er wieder einmal zwei Säfte mischte. „Dabei ist mir aufgefallen, dass der Saft nicht nur wie Wein riecht, sondern auch so schmeckt." So abwegig ist das gar nicht. Schließlich funktioniert es umgekehrt genauso: Da werden Fruchtnoten herangezogen, um den Geschmack von Wein zu beschreiben. Diese Fruchtnoten sind Pergers Baukasten, die dazugehörigen Früchte hat er ja ohnehin zur Hand. So werde beispielsweise aus Quitte und weißer Traube ein alkoholfreier Riesling oder Sauvignon Blanc, es komme nur auf das richtige Mischungsverhältnis an, erklärt der Obstbaumeister. „Aber natürlich schmeckt es nie ganz genauso, auch wenn die Aromen gleich sind." Denn der Alkohol im Wein und der Fruchtzucker im Saft sorgen als Geschmacksträger für unterschiedliche Ergebnisse. „Aber das Geschmackserlebnis steht dem Wein in nichts nach, das ist das Wichtigste."

Dass gute Säfte hervorragend zu gutem Essen passen, davon ist Perger überzeugt. „Sie bringen die feinen Nuancen der Speisen besonders zur Geltung." Der schwarzen Johannisbeere gelinge dies bei einem rustikalen Rinderbraten, Apfel-Mango beim Curry, und Sauerkirsche sei der ideale Begleiter zu einem Schokoladendessert. Eine Speisekarte mit passenden Empfehlungen (siehe Seite 139) bekommen Kunden deshalb in Pergers Hofladen am Ammersee mitsamt den Säften ans Herz gelegt. Natürlich funktioniert dies auch mit Säften anderer Hersteller. Wobei Perger unbedingt zu den Produkten kleiner Mostereien oder Obstbauern rät. „Die Säfte aus dem Supermarkt sind alle zu süß und schmecken langweilig." Schade wär's um das gute Essen.

DESSERTS

Es soll tatsächlich Leute geben, die kurz vor Ende eines Menüs auf die Bremse treten – und freiwillig auf das Dessert verzichten. Aus Angst um ihre Hüften. Doch für mich gehört zu einem guten Essen die Nachspeise als krönender Abschluss einfach dazu. Und es geht ja auch anders: Meine Desserts sind fast allesamt fruchtige Leichtgewichte, den Kalorienrechner müssen Sie also gar nicht erst anwerfen. Trotzdem fahre ich schwere Geschütze auf, rein geschmacklich, versteht sich.

MARINIERTE ERDBEEREN
MIT INGWERSIRUP UND BASILIKUM

Zutaten für 4 Personen
1 Schale Erdbeeren (400 – 500 g)
2 EL Puderzucker
½ Vanilleschote
4 EL Ingwersirup
Saft einer ½ Limette

Zum Anrichten:
1 Handvoll Basilikum piccolino
(kleinblättriges Basilikum)

Dies ist ein Dessert ganz nach meinem Geschmack: einfach, schnell, köstlich. Eine aufregende Art, Erdbeeren zu präsentieren: Die süßen Beeren werden mittels der diskreten Schärfe des Ingwers und der säuerlichen Limette in eine ganz neue Dimension katapultiert. Das Dessert hat nur einen Haken: Es schmeckt am besten im Frühsommer oder Sommer, wenn aromatische Beeren auf dem Markt sind. Denn außerhalb der Saison, im Winter gar, sind Erdbeeren nur ein geschmacklich blasser Abklatsch ihrer selbst.

Zubereitung
Die Erdbeeren waschen und sorgfältig trocken tupfen. Das ist wichtig, denn Erdbeeren saugen leicht Wasser auf und werden dann matschig. Den Stielansatz entfernen, die Früchte halbieren und mit Puderzucker bestreuen.

Die Vanilleschote der Länge nach aufschneiden und das Mark herauskratzen. Die Hälfte des Vanillemarks mit Ingwersirup und dem Limettensaft vermischen und vorsichtig unter die Erdbeeren heben. Mit den Basilikumblättern anrichten.

Dazu passen: Schokolade guter Qualität, Bananen- und Orangenstücke oder Sauerrahmeis (siehe Seite 150). Die Erdbeeren sind auch ein wunderbarer Begleiter zu einem Stück Sachertorte.

GEEISTE LITSCHISUPPE

Zutaten für 4 Personen
1 Dose (330 ml) Ginger Beer
(aus dem Asialaden)
330 ml Litschi-Prosecco oder Litschi-Cidre
(aus dem Asialaden)
Ingwersirup
100 ml Grenadine-Sirup
Saft von 3 Limetten
1 EL Carotino-Öl
4 Blatt Gelatine

Dies ist ein fantastischer Allrounder für den Sommer – die geeiste Litschisuppe kann als Dessert, Bowle oder Begrüßungscocktail serviert werden. Ein echtes Feuerwerk an Aromen: süß, säuerlich und scharf zugleich. Kaum zu glauben, dass sie rasend schnell gemacht ist, mal abgesehen von der Ruhezeit im Kühlschrank. Die Litschisuppe am besten am Vorabend zubereiten und über Nacht kalt stellen. So können die Aromen gut durchziehen, und die Suppe bekommt die richtige Temperatur. Dabei gilt die sommerlich leichte Formel: je kälter, desto besser.

Zubereitung

Ginger Beer und Litschi-Prosecco in eine Schüssel geben, mit 1 guten Schuss Ingwersirup, dem Grenadine-Sirup, dem Limettensaft und Carotino-Öl verrühren.

Die Gelatine einige Minuten (gemäß Packungsangabe) in kaltem Wasser einweichen. In der Zwischenzeit ½ Schöpflöffel der Ginger-Beer-Litschisuppe erhitzen und darin nach und nach die Gelatine auflösen. Anschließend die Gelatinemischung durch ein Sieb in die Suppe passieren und gut verrühren. Durch die Gelatine erhält die Suppe eine ganz leichte Bindung.

Die Litschisuppe für mehrere Stunden in den Kühlschrank stellen, besser noch über Nacht – oder mindestens 4 Stunden lang im Eisfach kühlen. Eiskalt schmeckt die Suppe am besten. Sollten sich dabei Eiskristalle bilden, einfach 1 Schuss Litschi-Prosecco auf die Suppe geben und mit einem Schneebesen kräftig durchrühren, um das Eis aufzulösen. Mit Obst servieren. Besonders gut passen dazu Mango, Brombeeren, Walderdbeeren, Himbeeren, Litschi oder Bananen.

RAGOUT VON NEKTARINEN

Zutaten für 8 Personen
50 g Zucker
60 ml Champagneressig
2 Vanilleschoten
6 Flaschen Edelkirschsaft von Perger à 200 ml
250 ml Wasser und 2 EL für die Speisestärke
2 EL Honig
½ EL Speisestärke
1 kg Bergnektarinen

Zum Anrichten:
frische Himbeeren oder Brombeeren
1 Handvoll Thaibasilikum oder Basilikum

Die Idee zu diesem Rezept kam mir bei einem Spaziergang durch die Perger-Obstplantagen am Ammersee – dort, wo Johannes von Perger die Früchte für seine tollen Säfte erntet. Ich finde es spannend, wie er aus verschiedenen Obstsorten aufregende neue Geschmackserlebnisse kreiert. Bringt man die passenden Früchte zusammen, stacheln sie sich gegenseitig zu aromatischen Höchstleistungen an. Ähnlich wie bei den Säften funktioniert das bei diesem Dessert: Der Kirschsaft bringt, angefeuert durch sommerliche Beeren, die Nektarinen auf Hochtouren.

Zubereitung

Den Zucker in einem mittelgroßen Topf erhitzen, bis er karamellisiert ist. Darauf achten, dass der Zucker nicht zu dunkel wird, er soll eine goldbraune Farbe annehmen. Mit Champagneressig ablöschen und einmal kurz aufkochen.

Die Vanilleschoten der Länge nach aufschneiden, das Mark mit dem Messer herauskratzen und mit den ausgekratzten Schoten in die Zucker-Essig-Mischung geben – die Schote gibt während des Auskochens noch zusätzlich Aroma ab. Kirschsaft und Wasser aufgießen und um die Hälfte einkochen lassen. Das dauert 10 bis 20 Minuten. Die Vanilleschoten entfernen. Den Honig zufügen.

Die Speisestärke mit 2 Esslöffeln Wasser anrühren und in den Fond einrühren. Noch einmal aufkochen lassen.

Die Nektarinen waschen, trocken tupfen und vierteln. Die Nektarinen erst unmittelbar vor dem Gebrauch aufschneiden, sonst laufen sie an. Die geviertelten Nektarinen in eine Schüssel geben.

Den Kirschsaftfond durch ein Sieb über die Nektarinen laufen lassen. Alles gut durchschwenken. Die Schüssel mit Klarsichtfolie abdecken, dadurch bleibt die Hitze des Fonds länger erhalten und die Nektarinen werden auf den Punkt gegart. Bei Zimmertemperatur abkühlen lassen. Mit frischen Himbeeren oder Brombeeren und zerzupftem Thaibasilikum oder Basilikum anrichten. Ein schöner Begleiter ist Sauerrahmeis (siehe Seite 150).

SAUERRAHMEIS

Zutaten für 4 – 6 Personen

500 g Sauerrahm
Saft von 6 Limetten
1 EL Milchpulver
2 EL Crème fraîche
150 ml Ingwersirup
3 gehäufte EL Puderzucker

Zubereitung

Sämtliche Zutaten sorgfältig verrühren und durch ein Sieb passieren, damit keine Klümpchen ins Eis geraten. In der Eismaschine fertig stellen.

Mit Rhabarberkompott, Ragout von Nektarinen (siehe Seite 148) anrichten oder pur genießen.

TIPP

Auch ohne Eismaschine wird aus diesen Zutaten ein sommerlich leichtes Dessert, das gut zu Früchten passt: Die Sauerrahmmischung muss nämlich nicht unbedingt zu Eis weiterverarbeitet werden – ein paar Stunden kaltgestellt, schmeckt sie auch als Sauce hervorragend, zum Beispiel zu Erdbeeren oder knackig frischen Bananen.

HOLUNDERBLÜTENMOUSSE MIT MOUSSE VON DER CANTALOUPE-MELONE

Zutaten für 4 Personen

Für die Holunderblütenmousse:
530 ml Holunderblütensirup
(siehe Rezept Seite 152)
10 Blatt Gelatine
200 g Sahne

Für die Mousse von der Cantaloupe-Melone:
1 Cantaloupe-Melone
30 g Honig
200 ml Orangensaft (100%-Direktsaft)
Cayennepfeffer
30 ml Marillenschnaps
6 Blatt Gelatine
150 g Sahne

Zum Anrichten:
dunkle Schokolade guter Qualität

Zubereitung

Für die Holunderblütenmousse 500 ml Holunderblütensirup in eine große Rührschüssel gießen. Die restlichen 30 ml bei leichter Hitze erwärmen. Die Gelatine einige Minuten (gemäß Packungsangabe) in kaltem Wasser einweichen. Die Gelatine ausdrücken und unter Rühren nach und nach im warmen Sirup auflösen. Es dürfen sich keine Klümpchen bilden.Die aufgelöste Gelatine durch ein Sieb streichen und zum Holundersirup in der Rührschüssel geben. Den Sirup mit einem Schneebesen oder einem Handrührgerät wie Eiweiß schaumig aufschlagen. Sobald sich an der Oberfläche etwas Schaum gebildet hat, diesen abschöpfen und in eine zweite Schüssel geben. Den noch verbliebenen flüssigen Holundersirup aufschlagen – so lange, bis die Flüssigkeit vollständig zu Schaum geworden ist. Die luftige Masse für 10 Minuten in den Kühlschrank stellen.

In der Zwischenzeit die Sahne mit dem Schneebesen oder dem Handrührgerät aufschlagen. Wichtig ist, dass die Sahne nicht zu steif wird; sie sollte eine halbfeste Konsistenz haben. Die Sahne vorsichtig unter den Holunderblütenschaum heben und alles für 2 bis 3 Stunden in den Kühlschrank stellen, damit die Mousse fester wird.

Für die Melonenmousse die Melone halbieren, entkernen und in Spalten schneiden. Die Schale entfernen. Die Melonenspalten in grobe Stücke schneiden und diese in einer Küchenmaschine mit Schneideeinsatz so lange zerkleinern, bis fast flüssiges Melonenmus daraus geworden ist.

Den Honig mit dem Orangensaft erhitzen und bis auf die Hälfte reduzieren. Dann mit 1 Prise Cayennepfeffer würzen und den Marillenschnaps unterrühren.

Die Gelatine einige Minuten (gemäß Packungsangabe) in kaltem Wasser einweichen. Die Gelatine ausdrücken und unter Rühren nach und nach im noch warmen Orangensaft auflösen. Sollte der Orangensaft bereits abgekühlt sein, nochmals kurz erwärmen. Wenn die Gelatine aufgelöst ist, alles in eine größere Schüssel füllen. Das Melonenmus durch ein Sieb in die Schüssel mit dem Orangensaft streichen und für 10 Minuten in den Kühlschrank stellen.

TIPP

Aufwendiger, aber raffinierter und witziger sieht es aus, wenn man beide Mousses abwechselnd übereinander schichtet und in einzelnen Gläsern serviert. Für das zweifarbige Dessert reichen sechs Streifen, jeweils drei von jeder Mousse. Bei der Zubereitung kommt es lediglich auf das richtige Timing an: zuerst die Holundermousse zubereiten, die Gläser etwa 2 cm hoch damit befüllen und diese in den Kühlschrank geben. Den Rest der Holundermousse bei Zimmertemperatur beiseite stellen. Dann mit der Melonenmousse beginnen, diese aber erst dann als zweite Schicht in die Gläser füllen und in den Kühlschrank stellen, wenn die erste Schicht fest ist. Den Rest der Melonenmousse bei Zimmertemperatur aufbewahren. So geht es weiter, bis so viele Schichten wie gewünscht übereinander gestapelt worden sind. Der Trick: Solange die Mousse-Masse nicht gekühlt, sondern bei Zimmertemperatur aufbewahrt wird, kann sie nicht fest werden – und lässt sich schichten.

In der Zwischenzeit die Sahne mit dem Schneebesen oder dem Handrührgerät aufschlagen. Darauf achten, dass die Sahne nicht zu steif wird; sie sollte eine halbfeste Konsistenz haben. Die Sahne vorsichtig unter das Melonenmus heben und alles für 2 bis 3 Stunden in den Kühlschrank stellen, damit die Masse fester wird.

Die beiden Mousse-Arten können entweder in zwei separaten Schälchen serviert werden oder als Nocken auf einem Teller. Zum Schluss mit einem Trüffelhobel feine Schokoladenspäne darüberreiben.

HOLUNDERBLÜTENSIRUP

Zutaten
(ergibt etwa 4 Liter)
20 Holunderblüten im Ganzen
4 kg Zucker
4 l Wasser
4 Zitronen in Scheiben
150 g Zitronensäure

Zubereitung

Sämtliche Zutaten sorgfältig vermischen und einmal aufkochen lassen. Die Mischung 2 bis 3 Tage stehen lassen und öfter umrühren, damit sich der Zucker auflöst. Danach mit Hilfe eines Filters abseihen und in Flaschen füllen.

MANGOMOUSSE MIT JACKFRÜCHTEN

Die Mango ist unter den Exoten eine meiner Lieblingsfrüchte. Was ihren Duft und ihren Geschmack anbelangt, ist sie einzigartig. Daher experimentiere ich immer wieder mit ihr. Das Rezept auf dieser Seite ist eines meiner Highlights. Eine etwas verwegenere, aber fantastische Variation ist die folgende: 1 bis 2 Tropfen rote Tabascosauce zusammen mit dem Limettensaft und dem Ingwersirup unter das Mangopüree mischen. Das gibt der fruchtigen Mousse einen leicht pikanten Touch. Oder wenn es mal richtig schnell gehen soll: einfach frische Mangowürfel mit Jackfrüchten aus der Dose mischen, mit etwas Ingwersirup marinieren und ein paar Blättern Thaibasilikum garnieren. Fertig ist ein raffiniertes, außergewöhnliches Dessert.

Zutaten für 4 – 6 Personen
1 Dose (565 g) in Sirup eingelegte Jackfrüchte (aus dem Asialaden)
300 g Mangopulp (Püree) aus der Dose (aus dem Asialaden)
Saft von 3 Limetten
60 g Ingwersirup
6 Blatt Gelatine
50 ml Marillenschnaps
250 g Sahne

Zum Anrichten:
einige Minzeblätter

Zubereitung

Die Jackfrüchte aus der Dose in ein Sieb geben und den Sirup auffangen. Mangopulp in einer Rührschüssel mit Limettensaft und Ingwersirup vermengen. Vom Sirup der Jackfrüchte 100 ml in die Mangomasse einrühren.

Die Gelatine einige Minuten (gemäß Packungsangabe) in kaltem Wasser einweichen. In der Zwischenzeit den Marillenschnaps bei leichter Hitze erwärmen. Die Gelatine ausdrücken und unter Rühren nach und nach im warmen Marillenschnaps auflösen. Es dürfen sich keine Klümpchen bilden.

Anschließend die aufgelöste Gelatine durch ein Sieb in die Mangomasse laufen lassen, um Gelatinefasern herauszufiltern. Alles mit dem Schneebesen gut vermischen und für etwa 10 Minuten in den Kühlschrank stellen. Das ist wichtig, um die durch Gelatine und Schnaps leicht erwärmte Mangomasse abzukühlen, bevor die Sahne untergehoben wird.

Unterdessen die Sahne mit dem Schneebesen oder dem Handrührgerät aufschlagen. Darauf achten, dass die Sahne nicht zu steif wird; sie sollte eine halbfeste Konsistenz haben.

Sobald die Mangomasse abgekühlt ist, die Sahne unterheben. Die Mousse für mindestens 2 bis 3 Stunden in den Kühlschrank stellen, um sie etwas fester werden zu lassen.

Zum Anrichten pro Person zwei Jackfrüchte auf einen Teller geben. Die Früchte leicht auseinanderziehen, so dass eine Art Tasche entsteht. Von der Mangomousse mit einem Esslöffel Nocken abstechen und in die Jackfrucht-„Taschen" setzen. Mit Minzeblättern garnieren. Wer mag, kann zusätzlich Sauerrahmeis (siehe Seite 150) reichen – für mich die absolute Krönung!

ANHANG

Rezeptregister nach Kapiteln

Salat
Artischocken mit roten Linsen ... 20
Perlgraupensalat mit Avocadotatar und Zitronengrasschaum ... 12
Fenchelsalat mit Kurkuma und Greenshell-Muscheln ... 14
Feldsalat mit Tramezzini-Croûtons und Balsamico-Vinaigrette ... 16
Karotten-Tandoori-Salat mit Oliven ... 18
Salat von gelber Pflaume und japanischem Rettich ... 19
Muskatkürbis mit Orangen ... 22

Dressings
Asiatische Vinaigrette ... 32
Fenchel-Orangen-Vinaigrette ... 30
Champagner-Sesam-Honig-Vinaigrette ... 31
Tomatenvinaigrette ... 34
Weißer Tomatenschaum ... 35

Brot
Kartoffelbrot ... 36

Suppen
Blumenkohl-Wasabi-Suppe ... 42
Geminzte Erbsencremesuppe ... 43
Rote Suppe Asia Style mit gebratenen Shiitake ... 40
Zitronengrassuppe ... 41

Vegetarisches
Bärlauchpesto ... 58
Lila Kartoffelgnocchi mit Tonkabohne und Vanille ... 50
Rote Paprika mit Zitronencouscous ... 48
Safran-Limetten-Risotto ... 56
Shane's Oriental Gewürzmischung ... 62
Shanes Schmortomaten ... 52
Süßkartoffel-Tandoori-Gemüse mit schwarzem Kardamom ... 46
Tomaten-Olivenöl-Pesto ... 59
Yellow-Paprika-Curry mit Safran und Pok Choi ... 54

Fonds & Saucen
Geräucherter Auberginenfond mit schwarzem Kardamom ... 68
Pfeffer-Estragon-Schaum ... 66
Süsssaure Wolfsbeerensauce ... 67
Zitronengras-Limetten-Fond ... 69

Fleisch & Geflügel
Chicken Wings orientalisch ... 74
Chili con carne mit Kakao und Cola ... 82
Kalbsleber mit Apfel-Zwiebel-Püree ... 88

Lammkarree in Tandoorikruste ... 90
Nudelrolle mit Salsiccia-Ragout ... 86
Ochsenbackerl mit Radicchio Trevisano und Selleriepüree ... 78
Roastbeef mit Rosmarinkartoffeln und steirischer Kernölmarinade ... 84
Shanes Burger ... 76
Tempura-Lemon-Chicken ... 72

Fisch & Meeresfrüchte
Dad´s Hummer Thermidor mit Spinat ... 106
Dorade in der Salzkruste ... 108
Fish and Chips vom Rochenflügel ... 116
Franks Schwertfisch-Carpaccio ... 121
Gelbflossenmakrele mit gekochtem Knoblauch und Shiitake ... 110
Gebratene Jakobsmuscheln mit Zuckerschoten und
    geminztem Erbsencremeschaum ... 104
Gebratene Rotbarbe in Artischockenfond ... 114
Gegrillter Seesaibling vom Fliegenfischer mit zweierlei Karotten ... 118
Kaisergranat/Langostinos ... 112
Lachsburger mit Wasabi-Mayo-Dip ... 98
Langostinos mit Zitronen-Limetten-Marinade ... 102
Norwegische Eismeerforelle mit Wolfsbeeren-Paprika-Marinade ... 120
Thunfischtatar mit Mango ... 100

Pasta & Co.
Dim-Sum-Ravioli mit Langostinos ... 124
Kartoffelgnocchi in Salbeibutter ... 128
Pfifferling-Tagliatelle ... 134
Schlutzkrapfen von Onkel Hans ... 130
Sobanudeln mit Shiitake und Thunfischflocken ... 136
Strozzapreti mit Radicchio Trevisano ... 126
Tiroler Speckknödel von der Mama ... 132

Desserts
Geeiste Litschisuppe ... 146
Holunderblütenmousse mit Mousse von der Cantaloupe-Melone ... 152
Holunderblütensirup ... 154
Mangomousse mit Jackfrüchten ... 155
Marinierte Erdbeeren mit Ingwersirup und Basilikum ... 144
Ragout von Nektarinen ... 148
Sauerrahmeis ... 150

Rezeptregister alphabethisch

A
- Artischocken mit roten Linsen 20
- Asiatische Vinaigrette 32

B
- Bärlauchpesto 8
- Blumenkohl-Wasabi-Suppe 42

C
- Champagner-Sesam-Honig-Vinaigrette 31
- Chicken Wings orientalisch 74
- Chili con carne mit Kakao und Cola 82

D
- Dad´s Hummer Thermidor mit Spinat 106
- Dim-Sum-Ravioli mit Langostinos 124
- Dorade in der Salzkruste 108

E
- Eiszapfenrettich mit Red-Giant-Salat 10

F
- Feldsalat mit Tramezzini-Croûtons und Balsamico-Vinaigrette 16
- Fenchel-Orangen-Vinaigrette 30
- Fenchelsalat mit Kurkuma und Greenshell-Muscheln 14
- Fish and Chips vom Rochenflügel 116
- Franks Schwertfisch-Carpaccio 121

G
- Gebratene Jakobsmuscheln mit Zuckerschoten und
  geminztem Erbsencremeschaum 104
- Gebratene Rotbarbe in Artischockenfond 114
- Geeiste Litschisuppe 146
- Gegrillter Seesaibling vom Fliegenfischer mit zweierlei Karotten 118
- Gelbflossenmakrele mit gekochtem Knoblauch und Shiitake 110
- Geminzte Erbsencremesuppe 43
- Geräucherter Auberginenfond mit schwarzem Kardamom 68

H
- Holunderblütenmousse mit Mousse von der Cantaloupe-Melone 152
- Holunderblütensirup 154

K
- Kaisergranat/Langostinos 112
- Kalbsleber mit Apfel-Zwiebel-Püree 88
- Karotten-Tandoori-Salat mit Oliven 18
- Kartoffelbrot 36
- Kartoffelgnocchi in Salbeibutter 128

L
- Lachsburger mit Wasabi-Mayo-Dip 98
- Lammkarree in Tandoorikruste 90
- Langostinos mit Zitronen-Limetten-Marinade 102
- Lila Kartoffelgnocchi mit Tonkabohne und Vanille 50

M	Mangomousse mit Jackfrüchten	155
	Marinierte Erdbeeren mit Ingwersirup und Basilikum	144
	Muskatkürbis mit Orangen	22
N	Norwegische Eismeerforelle mit Wolfsbeeren-Paprika-Marinade	120
	Nudelrolle mit Salsiccia-Ragout	86
O	Ochsenbackerl mit Radicchio Trevisano und Selleriepüree	78
P	Perlgraupensalat mit Avocadotatar und Zitronengrasschaum	12
	Pfeffer-Estragon-Schaum	66
	Pfifferling-Tagliatelle	134
R	Ragout von Nektarinen	148
	Roastbeef mit Rosmarinkartoffeln und steirischer Kernölmarinade	84
	Rote Paprika mit Zitronencouscous	48
	Rote Suppe Asia Style mit gebratenen Shiitake	40
S	Salat von gelber Pflaume und japanischem Rettich	19
	Sauerrahmeis	150
	Schlutzkrapfen von Onkel Hans	130
	Shane's Oriental Gewürzmischung	62
	Shanes Burger	76
	Shanes Schmortomaten	52
	Sobanudeln mit Shiitake und Thunfischflocken	136
	Strozzapreti mit Radicchio Trevisano	126
	Süßkartoffel-Tandoori-Gemüse mit schwarzem Kardamom	46
	Süsssaure Wolfsbeerensauce	67
T	Tempura-Lemon-Chicken	72
	Thunfischtatar mit Mango	100
	Tiroler Speckknödel von der Mama	132
	Tomaten-Olivenöl-Pesto	59
	Tomatenvinaigrette	34
W	Weißer Tomatenschaum	35
Y	Yellow-Paprika-Curry mit Safran und Pok Choi	54
Z	Zitronengras-Limetten-Fond	69
	Zitronengrassuppe	41

DANKE

Nun ist es vollbracht. Wer hätte das gedacht? Mein erstes Kochbuch ist auf dem Markt. Mann, war das eine zeitaufwändige Herausforderung. Fotoshootings, Rezepte zu Papier bringen, Eindrücke sammeln – ohne mein tolles Team wäre dies nie möglich gewesen.

Daher gebührt mein großer Dank zuallererst Anna McMaster, die meine Gerichte mit ihrer kreativen Art ins richtige Foto-Licht gerückt hat, Bettina Ullrich, die mir geduldig monatelang über die Schulter geschaut und die das Ganze für jedermann verständlich zu Papier gebracht hat, und natürlich Thomas Neumann, der Mann, der all den Fotos und Texten das vorliegende Layout verpasst hat und der für mich oft wie ein Fels in der Brandung war.

Mein großer Dank gilt außerdem Ria Lottermoser und Gerda Schaffelhofer von der Edition Styria. Ria, ohne Dich, Deinen Mann Günther und Deinen unerschütterlichen Glauben an mich, wäre dieses Projekt wahrscheinlich nie zustande gekommen. Ich weiß das enorm zu schätzen und bedanke mich an dieser Stelle ganz besonders für die unkomplizierte Zusammenarbeit mit Dir. Deine Kochbuch-Erfahrung, Dein Fachwissen und Deine Kontakte kamen uns bei diesem Buch sehr zugute.

Ein ganz spezieller Dank gebührt meinem Vater Tony, meiner Mutter Traudl, meinem Bruder Frank und meinem Onkel Hans. Sie alle haben diesem Kochbuch jeweils ein Rezept beigesteuert. Ich bin wirklich stolz auf Euch und freue mich, dass Ihr, die Ihr mich schon in frühester Kindheit mit dem Kochen vertraut gemacht habt, in diesem Buch vertreten seid.

Wolfi, ein Freund von mir, meinte einmal: Was für andere eine Doktorarbeit ist, ist für uns Köche ein Kochbuch. Wolfi, Du hattest absolut Recht. Ich weiß jetzt, was Du meinst, und ich bin wirklich glücklich, so viele Menschen um mich herum zu haben, die mich mental und mit Taten auf meinem kulinarischen Weg unterstützen. Ohne meine Lehrmeister Bobby Bräuer, Hans Haas und meinen Freund Tony Holmes wäre ich heute nicht da, wo ich bin. All die harten Lehrjahre hatten ihren Grund. Das weiß ich inzwischen.

Ich bin dankbar, dass mir ein großes Heer an Freunden, Bekannten und Förderern zur Seite gestanden hat. Hier möchte ich meine Koch-Kollegen Florian Spitta, Hercules Tsibis vom Martini Club, viele liebe Freunde, die mich immer wieder angetrieben und aufgemuntert haben, meine Schwestern Irene und Tara, meine durchwegs positiv eingestellten Schwiegereltern Renate und Franz, meine Schwägerin Marion, ihren Mann Marco, meinen Schwager Christian, Annas Mann Manni mit Klein-Sammy für ihre Toleranz und die Jungs aus Köln, Sven Görhardt, Stephan Holtschke und Jonas Kozinowski nennen.

Ein weiterer Dank geht an Nicole Christl, Hans-Joachim Winzeck und Helmut Sailer von BSHG, George Henrici von All-Clad, an meinen Wein-Mann Jörg Linke und an Theo Putz, Albert Dander, Ole Kloth und Max Schlereth von der Derag, denen ich mein neues Restaurant zu verdanken habe.

Für dieses Kochbuch haben wir sowohl mein Kochatelier „Shane's Kitchen" als auch die Küche von „Shane's Restaurant" in Szene gesetzt. Viele Fotos entstanden im genialen Mohr Life Resort in Lermoos und auf beziehungsweise an den dazugehörigen Seen. Ich weiß es sehr zu schätzen, dass Brigitte Künstner, Tina Künstner-Mantl und ihr Mann Klaus mir und meinem Team unglaublich viele Türen geöffnet haben, Türen, die normalerweise geschlossen sind. Tausend Dank für Eure Unterstützung und für die selbstlose Bereitstellung Eurer tollen Locations. Danke auch an deren Küchenchef Silvio Weisheit für die Zusammenarbeit vor Ort. Ich weiß, dass diese Großzügigkeit wirklich nicht selbstverständlich ist.

Stolz bin ich, dass dieses Buch durch Beiträge über den Obst-König vom Ammersee, Johannes von Perger, und seine Säfte, über meinen Messerschleifer Alexander Trapp oder Maria, die Kräuterfrau aus der Münchner Großmarkthalle, aufgelockert wird. Vielen Dank für Euren Input und für Eure aktive Unterstützung.

Ein ganz besonderer Dank geht schließlich noch an meine liebe Frau Barbara, die mich in allen Lebenslagen aktiv unterstützt, die mir Kraft gibt und die mit ihrem organisatorischen Einsatz einen großen Anteil am Gelingen dieses Buches hatte.

Danke, Barbara, dass Du immer für mich da bist.

Gaumenlust & Kochvergnügen

Dodo Liadé
VoodooFood
*Magie der
afrikanischen Küche*
160 Seiten
€ 29,95

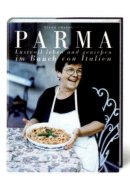   

Nikko Amandonico
Parma
*Lustvoll leben und
genießen im
Bauch von Italien*
168 Seiten
€ 39,95

Ria Lottermoser
Tutto Pesto
*Einfach, vielseitig,
variantenreich – und
unglaublich gut*
84 Seiten
€ 14,95

Jean-Paul Hévin
**Verführung
à la chocolat**
192 Seiten
€ 19,95

Ria Lottermoser
Die Pastabox
*Eine kulinarische Schatzkiste
aus Italien*
33 Rezeptkarten
€ 19,95

IMPRESSUM

Von links: Bettina Ullrich, Barbara McMahon, Shane McMahon, Thomas Neumann, Anna McMaster

Textredaktion: Bettina Ullrich

Visuelle Gesamtgestaltung: IDENTITYPOOLNEUMANN / www.ipn00.de

Art Direction: Thomas Neumann

Umschlaggestaltung: Thomas Neumann in Zusammenarbeit mit www.buero-jorge-schmidt.de

Fotografie: Anna McMaster

Bildnachweis: Seite 121: Blair K. Halford, alle übrigen Fotos: Anna McMaster

Alle Rechte der Verbreitung, auch durch Film, Funk und Fernsehen, fotomechanische Wiedergabe, Tonträger jeder Art, auszugsweisen Nachdruck oder Einspeicherung und Rückgewinnung in Informationssystemen aller Art, sind vorbehalten.

Copyright © 2010 by Edition Styria
in der Verlagsgruppe Styria GmbH & Co KG, Wien • Graz • Klagenfurt

Printed in Austria
ISBN 978-3-99011-012-6

Ein guter Backofen ist für uns einer, der Vitaminen das Leben rettet.

Gesundes Dampfgaren erhält bis zu 50% mehr Vitamine.

Die neuen Dampfbacköfen von Bosch. Garen mit Dampf ist eine der gesündesten Garmethoden überhaupt. Darum haben wir einen Ofen entwickelt, der nicht nur mit Heißluft arbeitet, sondern auch mit Wasserdampf. So bleiben wichtige Vitamine, Mineralstoffe und natürliche Aromen erhalten. Gemüse und Fisch können nicht austrocknen und Fleisch gelingt saftig und zart. Egal, ob Sie garen, dämpfen, backen oder braten – das Wertvolle wird bewahrt und alles schmeckt so, wie es schmecken soll. Guten Appetit! www.bosch-home.com/de

BOSCH
Technik fürs Leben